영상으로 체험하는
뿜뿜 중국어

두근두근 기초편

영상으로 체험하는
뿜뿜 중국어 두근두근 기초편

지은이 김안나
펴낸이 정규도
펴낸곳 (주)다락원

초판 1쇄 발행 2018년 9월 27일
　　2쇄 발행 2019년 7월 1일

편집총괄 최운선
기획편집 김유진
디자인 윤미주, 임미영
일러스트 윤미주

다락원 경기도 파주시 문발로 211
내용문의 (02) 736-2031 내선 273
구입문의 (02) 736-2031 내선 250~252
Fax (02) 732-2037
출판등록 1977년 9월 27일 제406-2008-000007호

Copyright © 2018, 김안나

저자 및 출판사의 허락 없이 이 책의 일부 또는 전부를 무단 복제·전재·발췌할 수 없습니다. 구입 후 철회는 회사 내규에 부합하는 경우에 가능하므로 구입 문의처에 문의하시기 바랍니다. 분실·파손 등에 따른 소비자 피해에 대해서는 공정거래위원회에서 고시한 소비자 분쟁 해결 기준에 따라 보상 가능합니다. 잘못된 책은 바꿔 드립니다.

값 13,000원
ISBN 978-89-277-4715-4 18720

http://www.darakwon.co.kr
다락원 홈페이지를 통해 인터넷 주문을 하시면 자세한 정보와 함께 다양한 혜택을 받으실 수 있습니다.

영상으로 체험하는

뿜뿜 중국어

김안나 지음 / 원어민 王海新 감수

두근두근 기초편

다락원

이제 중국어도
영상으로 **체험**하면서
공부하세요!

중국 현지에서 촬영한 리얼 중국어!
현직 중국어 교사의 친절하고 쉬운 설명!
인기 BJ 페이의 귀에 쏙쏙 박히는 강의!

중국어를 뿜게 하는 지은이의 말

중국어 공부,
맥락 없이 따분하게 문형만 암기하고 계시나요?

왕초보지만, 중국 드라마로 재미있게 공부하고 싶은 사람!
실생활에서 바로 쓸 수 있는 중국어를 배우고 싶은 사람!
이 분들을 위해 만들었습니다.

　이 책의 주인공 유나는 한국에서 간단한 중국어를 배우고 중국으로 유학 간 학생입니다. 그리고 중국에서 중국인 친구 왕후이를 만나 다양한 대화를 하며 중국어 실력을 키워 나가죠. 왕초보 유나가 중국어로 연애하고, 취직해서 중국어로 밥 벌어먹기까지, 유나의 중국 생활이 앞으로 어떻게 전개될지 기대해 주세요.

　이 책 한 권이면 누구나 독학으로 중국어를 시작할 수 있습니다. 중국인의 연기를 보고, 듣고, 따라 말하며, 실제 중국인과 대화하듯 연습해 보세요. 영상 속 주인공이 되어 들리는 대로 자신 있게 뿜어내다 보면 실제 상황에서도 자연스러운 중국어를 구사할 수 있게 됩니다.

　필자는 중국에 유학 갔을 때, 중국인들의 빠른 말 속도에 당황하기 일쑤였습니다. 누구도 교재 속 녹음 파일처럼 또박또박 천천히 말해 주지 않았죠. 말 속도에 적응하기 위해서는 중국인과 많이 대화하며 그냥 부딪치는 수밖에 없었습니다. 이 책의 영상 속 주인공들은 실제 말 속도로 자연스럽게 대화하고 있습니다. 처음에는 조금 빠르고 어렵다고 느낄 수 있지만, 그냥 부닥쳐 보세요! 진짜 중국인과 대화하는 것 같은 경험을 할 수 있습니다.

　이 책은 13년 지기 친구이자 감수자인 왕하이씬(王海新) 선생님과 많은 이야기를 나누며 만들었습니다. 생생한 표현을 담기 위해 꼼꼼하게 감수해 주신 왕하이씬 선생님께 진심으로 감사의 말을 전합니다. 그리고 늘 좋은 책을 만들기 위해 노력하시는 편집자 김유진 님, 언제나 열정 넘치는 BJ 페이 님께도 진심으로 감사드립니다.

지은이 김안나 씀

차례

중국어 상식 한 발짝 ········· 12

중국어 발음 두 발짝 ········· 13

중국어 완벽 포인트 세 발짝 ········· 20

01 친구에게 인사하다 你好! ········· 27

02 상대방의 국적을 묻다 她是中国人吗? ········· 37

03 이름과 나이를 묻다 你叫什么名字? ········· 49

04 사는 곳을 묻다 你住在哪儿? ········· 59

05 남자 친구가 있는지 묻다 你有男朋友吗? ········· 69

06 전화로 뭐 하는지 묻다 喂, 你在干什么呢? ········· 81

07 식당에서 음식을 주문하다 来两份羊肉火锅。 ········· 93

08 좋아하는 것을 묻다 你喜欢吃中国菜吗? ········· 105

09	날짜와 요일을 묻다 **今天几月几号?**	117
10	옷 가게에서 옷을 고르다 **这件衣服怎么样?**	129
11	가격을 묻고 계산하다 **这件衣服多少钱?**	141
12	가족에 관해 묻다 **你家有几口人?**	153
13	경험을 묻다 **你去过颐和园吗?**	165
14	길을 묻다 **请问，地铁站在哪儿?**	177
15	상대방의 계획을 묻다 **你打算什么时候回国?**	189

16일 완성! 학습 스케줄

DAY 1

중국어 상식과 발음 ·············· ☐

- 중국어 상식 한 발짝
- 중국어 발음 두 발짝
- 중국어 완벽 포인트 세 발짝

DAY 2

01 친구에게 인사하다 ·············· ☐

- 你好!
- 再见!

😀 뿜뿜 대화 체험하기 ·············· ☐

DAY 3

02 상대방의 국적을 묻다 ·············· ☐

- 这是什么?
- 那是谁?
- 她是中国人吗?

😀 뿜뿜 대화 체험하기 ·············· ☐

DAY 4

03 이름과 나이를 묻다 ·············· ☐

- 你叫什么名字?
- 你今年多大?

😀 뿜뿜 대화 체험하기 ·············· ☐

DAY 5

04 사는 곳을 묻다 ·············· ☐

- 你去哪儿?
- 你住在哪儿?

😀 뿜뿜 대화 체험하기 ·············· ☐

DAY 6

05 남자 친구가 있는지 묻다 ·············· ☐

- 你有男朋友吗?
- 你的手机号码是多少?

😀 뿜뿜 대화 체험하기 ·············· ☐

DAY 7

06 전화로 뭐 하는지 묻다 ·············· ☐

- 喂, 你在干什么呢?
- 你吃饭了吗?
- 我们一起吃饭吧!

😀 뿜뿜 대화 체험하기 ·············· ☐

DAY 8

07 식당에서 음식을 주문하다 ·············· ☐

- 我想吃火锅!
- 欢迎光临! 请问, 几位?
- 来两份羊肉火锅。

😀 뿜뿜 대화 체험하기 ·············· ☐

✓ 매일매일 학습 기록을 체크해 보세요.

DAY 9

08 좋아하는 것을 묻다 ············ ☐

- 你喜欢吃中国菜吗?
- 你会做中国菜吗?

😊 뿜뿜 대화 체험하기 ············ ☐

DAY 10

09 날짜와 요일을 묻다 ············ ☐

- 今天几月几号?
- 今天星期几?
- 你的生日是几月几号?

😊 뿜뿜 대화 체험하기 ············ ☐

DAY 11

10 옷 가게에서 옷을 고르다 ············ ☐

- 这件衣服怎么样?
- 我可以试试吗?
- 有点儿小! 有没有大的?

😊 뿜뿜 대화 체험하기 ············ ☐

DAY 12

11 가격을 묻고 계산하다 ············ ☐

- 这件衣服多少钱?
- 太贵了!
- 能不能便宜点儿?

😊 뿜뿜 대화 체험하기 ············ ☐

DAY 13

12 가족에 관해 묻다 ············ ☐

- 你家有几口人?
- 都有谁?
- 他做什么工作?

😊 뿜뿜 대화 체험하기 ············ ☐

DAY 14

13 경험을 묻다 ············ ☐

- 你去过颐和园吗?
- 我还没有去过。
- 颐和园离这儿远吗?

😊 뿜뿜 대화 체험하기 ············ ☐

DAY 15

14 길을 묻다 ············ ☐

- 请问, 地铁站在哪儿?
- 请问, 去王府井怎么走?
- 要多长时间?

😊 뿜뿜 대화 체험하기 ············ ☐

DAY 16

15 상대방의 계획을 묻다 ············ ☐

- 你汉语说得很好!
- 你打算什么时候回国?
- 回国以后你打算做什么?

😊 뿜뿜 대화 체험하기 ············ ☐

이 책의 구성

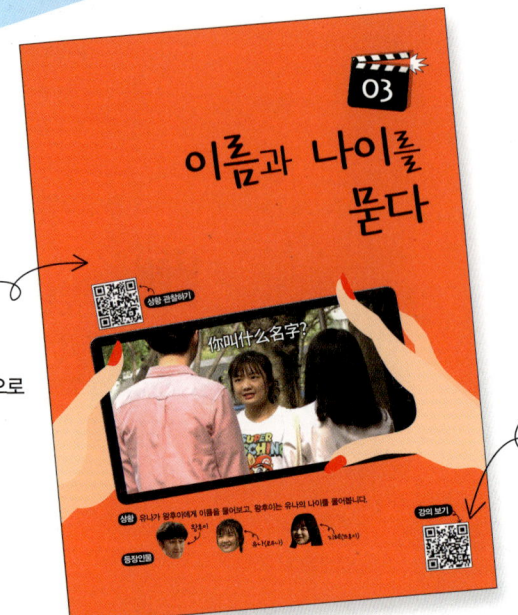

상황 관찰하기
100% 중국 현지에서 촬영한 영상으로 중국 생활을 생생하게 전달합니다.

강의 보기
BJ 페이가 영상 속 문장을 똑 부러지고 재미있게 강의해 줍니다.

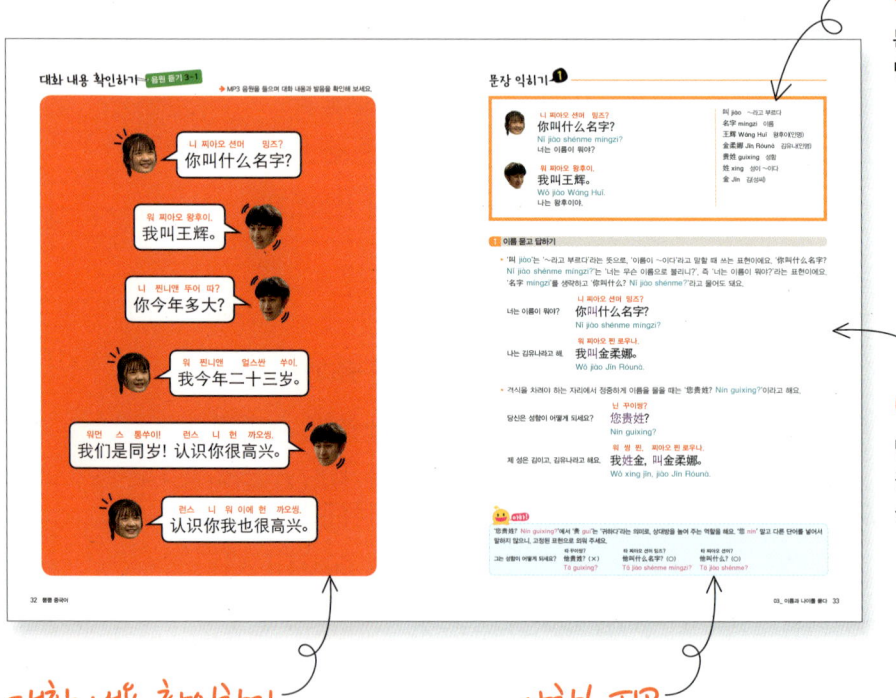

단어장
본문 내용과 예문에 포함된 단어가 제시됩니다.

나만의 과외 선생님
방문 교사처럼 하나하나 짚어 가며 어법을 쉽게 설명합니다.

대화 내용 확인하기
영상 속 대화 내용과 발음을 보여 줍니다. ⊕MP3

아하! TIP
알고 나면 중국어 실력 쑥쑥 오르는 진짜 중국어 팁을 줍니다.

일러두기
한글 발음 표기는 외래어 표기법을 따르지 않고, 중국어 발음 규칙에 따라 최대한 원음에 가깝게 표기하였습니다. MP3 음성을 통해 정확한 발음을 확인하시기 바랍니다.

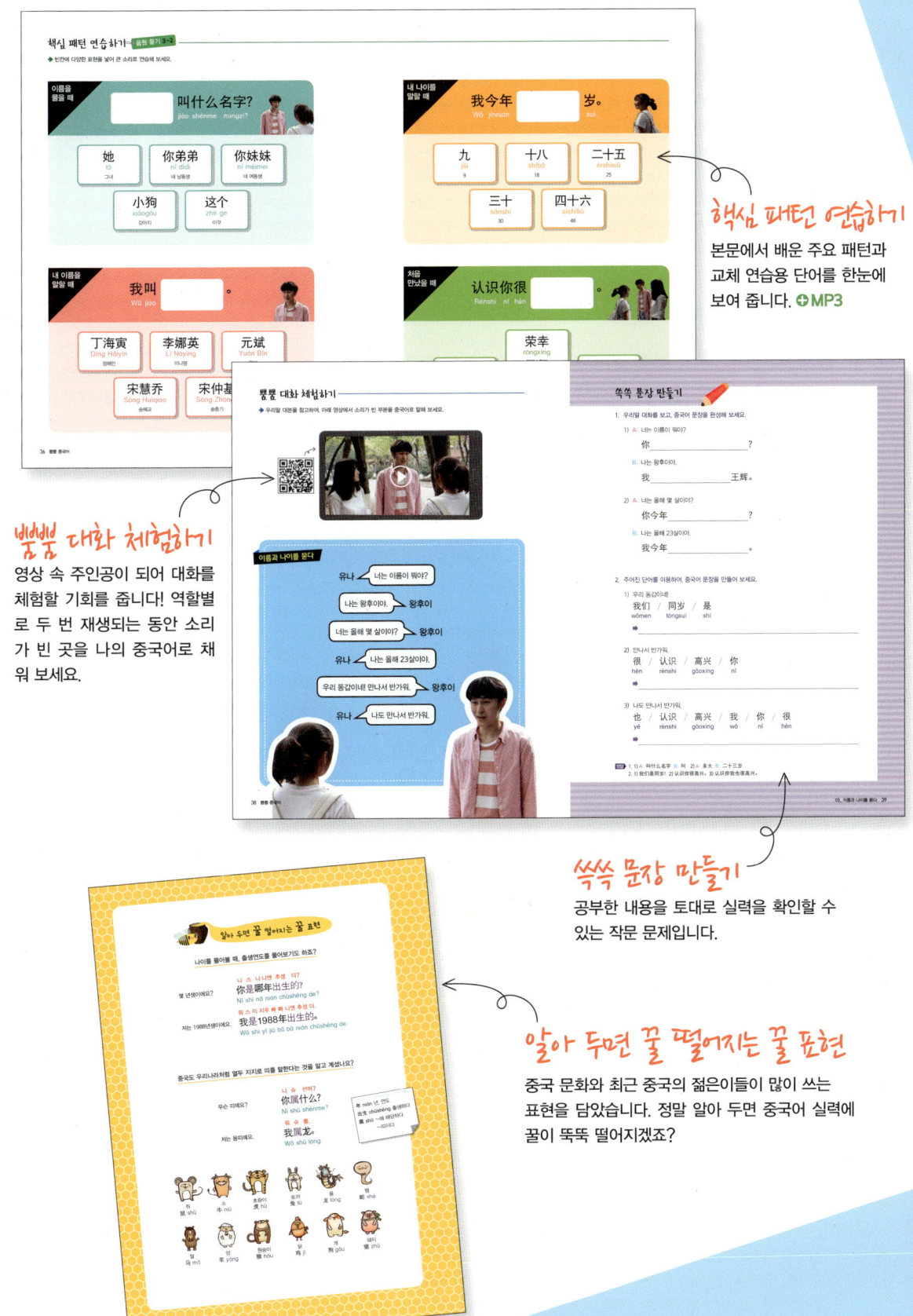

중국어 상식 한 발짝

강의 보기

1. 중국어 vs. 한어

중국에서는 중국어를 '한어(汉语 Hànyǔ)'라고 해요. 중국 인구의 대다수를 차지하는 '한족(汉族 Hànzú)이 사용하는 언어'라는 뜻이에요.

2. 방언 vs. 보통화

중국은 영토가 넓고 다양한 민족이 살고 있어서 각 지역의 '방언(方言 fāngyán)'이 거의 외국어처럼 느껴질 정도로 서로 알아듣기 힘들어요. 그래서 표준 중국어인 '보통화(普通话 pǔtōnghuà)'를 보급하여 사용하고 있어요.

3. 번체자 vs. 간체자

'번체자(繁体字 fántǐzì)'는 우리나라, 홍콩, 대만 등에서 사용하는 모양이 복잡한 한자이고, 중국에서 사용하는 '간체자(简体字 jiǎntǐzì)'는 복잡한 한자의 획을 간단하게 만든 한자예요.

4. 한어 병음

한자는 뜻글자이기 때문에 한자를 읽기 위해서는 발음 기호가 필요해요. 그래서 알파벳으로 발음을 표기하는데, 이 중국어 발음 표기법을 '한어 병음(汉语拼音 Hànyǔ Pīnyīn)'이라고 해요. 한어 병음은 성조, 성모, 운모로 이루어져 있어요.

성조는 음의 높낮이를 나타내고, 성모는 한글의 '자음', 운모는 '모음'과 비슷하다고 생각하면 쉬워요. 한글과 다른 점으로는 '한'에서 자음이 'ㅎ', 'ㄴ'이고 모음이 'ㅏ'라면, 한어 병음 'hàn'에서 성모는 'h(음절의 첫소리 자음)'이고, 운모는 'an(성모를 제외한 나머지)'이에요.

중국어 발음 두 발짝

1 성조

음원 듣기 Track 01

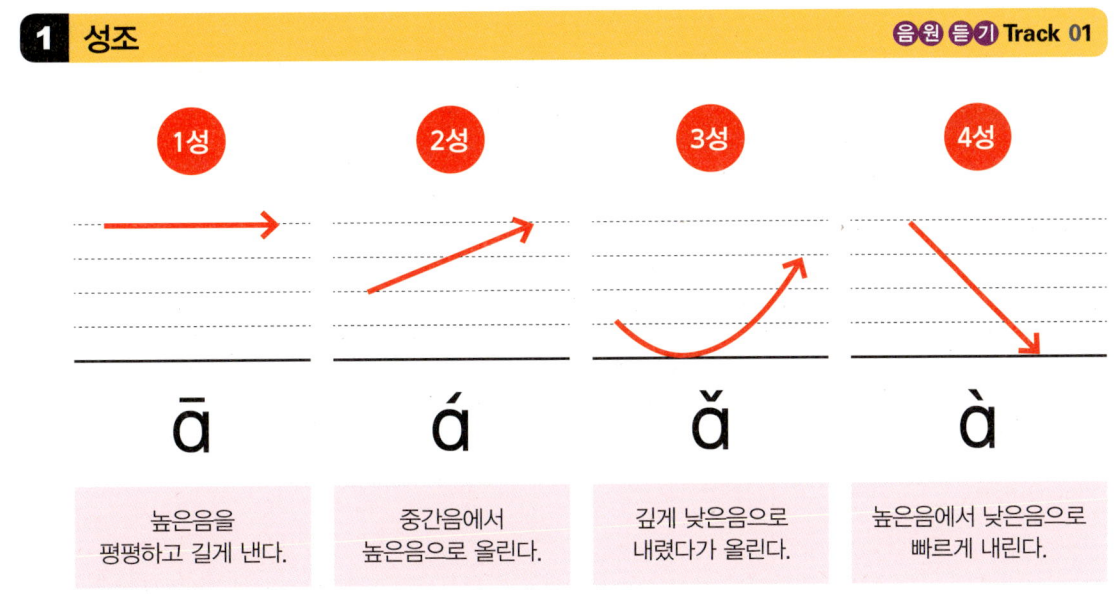

1성	2성	3성	4성
ā	á	ǎ	à
높은음을 평평하고 길게 낸다.	중간음에서 높은음으로 올린다.	깊게 낮은음으로 내렸다가 올린다.	높은음에서 낮은음으로 빠르게 내린다.

▶ 같은 음절이라도 성조가 다르면 뜻이 달라져요.

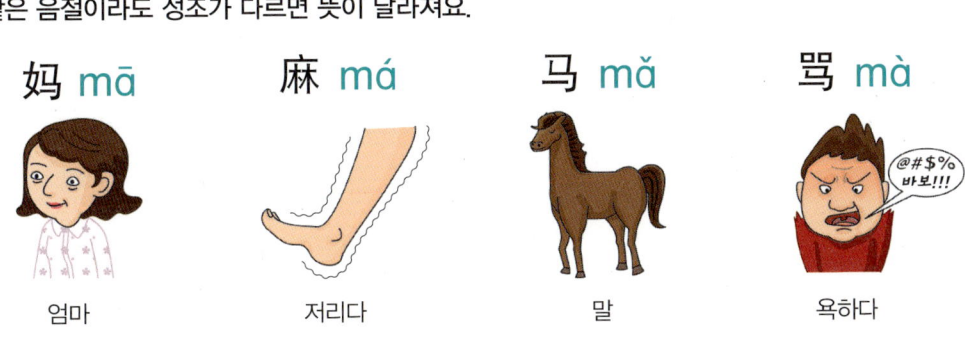

妈 mā — 엄마
麻 má — 저리다
马 mǎ — 말
骂 mà — 욕하다

음원 듣기 Test 01

녹음을 듣고, 발음에 해당하는 성조를 표시해 보세요.

1. a   2. a   3. a   4. a

정답 1. ǎ   2. à   3. á   4. ā

2 성모

성모는 음절의 첫소리 자음에 해당하며 모두 21개가 있어요. 우리말에서 'ㄱ'을 '기역'이라고 읽듯이, 성모를 읽을 때는 운모와 결합해서 읽어 줘요.

- 두 입술을 붙였다 떼면서 발음해요.
- 운모 'o'와 결합하여 발음하는데, 운모 'o'는 '오어'라고 발음해요.

f
fo
포어

- 윗니를 아랫입술에 살짝 대었다 떼면서 발음해요.
- 운모 'o'와 결합하여 발음해요.

- 혀끝을 윗니 안쪽에 붙였다 떼면서 발음해요.
- 운모 'e'와 결합하여 발음하는데, 운모 'e'는 '으어'라고 발음해요.

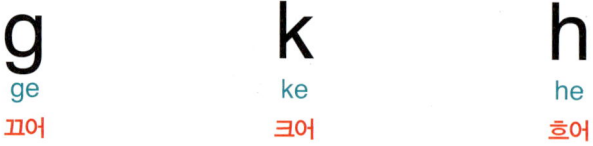

- 혀뿌리 부분에서 트림하듯이 걸쭉하게 발음해요.
- 운모 'e'와 결합하여 발음해요.

중국어 발음 두 발짝

음원 듣기 **Track 02**

j	q	x
ji	qi	xi
찌(지)	치	씨(시)

- 혀 앞부분을 입천장 앞쪽에 붙였다 떼거나 가까이 대고 발음해요.
- 운모 'i'와 결합하여 발음해요.

zh	ch	sh	r
zhi	chi	shi	ri
즈	츠	스	르

- 혀끝을 들어 올려 살짝 말듯 입천장에 가까이 대고 발음해요.
- 운모 'i'와 결합하여 발음하는데, zh, ch, sh, r 뒤에 오는 'i'는 '으'로 발음해요.

z	c	s
zi	ci	si
쯔	츠	쓰

- 혀끝을 윗니 뒤쪽에 붙였다 떼면서 발음해요.
- 운모 'i'와 결합하여 발음하는데, z, c, s 뒤에 오는 'i'는 '으'로 발음해요.

음원 듣기 Test 02

녹음을 듣고, 발음에 해당하는 성모를 둘 중에 골라 체크해 보세요.

1. p ☐   f ☐   2. l ☐   r ☐   3. q ☐   c ☐   4. zh ☐   z ☐

정답 1. f 2. r 3. q 4. zh

3 운모

운모는 음절에서 성모를 제외한 나머지 부분으로, 모두 36개가 있어요. 운모는 성모 없이 운모만 단독으로 쓰일 수도 있어요. 가장 기본이 되는 운모 6개부터 살펴볼까요?

기본운모

a
아

- 입을 크게 벌리고 '아'라고 발음해요.
  예 à 아, dà 따

o
오어

- 입술을 동글게 했다가 살짝 펴면서 '오어'라고 발음해요.
  예 ò 오어, pò 포어

e
으어

- '으'에서 '어'로 빠르고 자연스럽게 옮기며 '으어'라고 발음해요.
  예 è 으어, gē 끄어

i
이

- 입을 길게 벌리며 '이'라고 발음해요.
- 성모 없이 단독으로 쓰일 때는 앞에 'y'를 붙여 줘요.
- 성모 zh, ch, sh, r, z, c, s 뒤에 오는 'i'는 '으'로 발음해요.
  예 yī 이, jī 찌, sì 쓰

u
우

- 입을 동그랗게 만들어 '우'라고 발음해요.
- 성모 없이 단독으로 쓰일 때는 앞에 'w'를 붙여 줘요.
  예 wǔ 우, kū 쿠

ü

위

- 입을 동그랗게 한 상태에서 '위'라고 발음해요. 이때 입술 모양은 움직이지 않고 그대로 유지해요.
- 성모 없이 단독으로 쓰일 때는 앞에 'y'를 붙이고 위의 두 점을 빼 줘요.
- 성모 j, q, x가 운모 ü와 결합하면 위의 두 점은 빼고 표기해요.
  예 yú 위, nǚ 뉘, qù 취

중국어 발음 두 발짝

음원듣기 Track 03

복운모 기본 운모가 2개 합쳐진 운모예요.

ai	ei★	ao	ou
아이	에이	아오	오우
예 ǎi 아이 mài 마이	예 èi 에이 gěi 게이	예 áo 아오 pǎo 파오	예 ǒu 오우 kǒu 코우

★ e가 i나 ü와 결합할 때는 '에'로 발음해요.

비운모 콧소리가 나는 운모로, 'ㄴ'이나 'ㅇ' 받침이 들어 있는 운모예요.

an	en	ang	eng	ong
안	언	앙	엉	옹
예 àn 안 màn 만	예 ēn 언 hěn 헌	예 áng 앙 bāng 빵	예 èng 엉 fēng 펑	예 hóng 홍

권설운모 혀를 말아서 발음하는 운모예요.

er
얼
예 èr 얼

결합운모 i, u, ü가 다른 운모와 결합하여 만들어진 운모예요.

(1) i와 결합한 운모

ia	ie ★	iao	iou(iu) ★
이아	이에	이아오	이오우(이우)
예 yā 야	예 yě 이에	예 yào 야오	예 yǒu 요우
jiā 찌아	xiè 씨에	jiào 찌아오	qiú 치우

- 성모 없이 단독으로 쓰일 때는 i를 y로 바꾸어 표기하고, in과 ing은 앞에 'y'를 붙여 줘요.

★ e가 i나 ü와 결합할 때는 '에'로 발음해요.
★ '성모 + iou'일 때는 o를 생략하고 iu로 표기해요. o가 생략됐지만, 약하게 o 발음을 해 줘요.

ian ★	iang	in	ing	iong
이앤	이앙	인	잉	이옹
예 yán 앤	예 yáng 양	예 yín 인	예 yīng 잉	예 yòng 용
jiàn 찌앤	xiǎng 시앙	nín 닌	qǐng 칭	xiōng 씨옹

★ ian은 '이안'이 아니라 '이앤'으로 발음해요.

18

(2) u와 결합한 운모

ua 우아
예 wā 와
huā 후아

uo 우어
예 wǒ 워
guó 구어

uai 우아이
예 wài 와이
kuài 쿠아이

uei(ui) ★ 우에이(우이)
예 wéi 웨이
guì 꾸이

- 성모 없이 단독으로 쓰일 때는 u를 w로 바꾸어 표기해요.
★ '성모 + uei'일 때는 e를 생략하고 ui로 표기해요. e가 생략됐지만, 약하게 e발음을 해 줘요.

uan 우안
예 wàn 완
chuān 추안

uang 우앙
예 wáng 왕
huáng 후앙

uen(un) ★ 우언(운)
예 wèn 원
kùn 쿤

ueng 우엉
예 wēng 웡

★ '성모 + uen'일 때는 e를 생략하고 un으로 표기해요. e는 생략됐지만, 약하게 e발음을 해 줘요.

(3) ü와 결합한 운모

üan ★ 위앤
예 yuán 위앤
quān 취앤 ★

üe ★ 위에
예 yuè 위에
lüè 뤼에

ün 윈
예 yūn 윈
jūn 쮠 ★

- 성모 없이 단독으로 쓰일 때는 ü를 yu로 바꾸어 표기해요.
★ üan은 '위안'이 아니라 '위앤'으로 발음해요.
★ e가 i나 ü와 결합할 때는 '에'로 발음해요.
★ 성모 j, q, x가 운모 ü와 결합하면 ü의 두 점은 빼고 표기해요.

중국어 완벽 포인트 세 발짝

1 한어 병음 표기 규칙

(1) 기본운모 i, u, ü가 성모 없이 쓰일 때는 각각 yi, wu, yu로 표기해요.

(2) i결합운모가 성모 없이 쓰일 때는 i를 y로 바꾸어서 표기해요. (in, ing은 yin, ying으로 표기)
 u결합운모가 성모 없이 쓰일 때는 u를 w로 바꾸어서 표기해요.
 ü결합운모가 성모 없이 쓰일 때는 ü를 yu로 바꾸어서 표기해요.

(3) j, q, x가 ü와 결합할 때는 두 점을 빼고 u로 표기해요.

(4) iou, uei, uen이 성모와 결합할 때는 각각 iu, ui, un으로 표기해요.

(5) 2음절 이상의 단어에서 중간에 음절이 'a, o, e'로 시작되면 앞의 음절과 이어 읽지 말라는 의미로 격음부호(')를 붙여 줘요.
 예 晚安 wǎn'ān, 海鸥 hǎi'ōu, 女儿 nǚ'ér

음원 듣기 Test 03

녹음을 듣고, 발음에 해당하는 병음을 빈칸에 써 보세요.

1. ☐ī 2. ☐ǔ 3. ☐òng 4. ☐án 5. j☐ 6. q☐n 7. n☐ú 8. g☐n

정답 1. y 2. w 3. y 4. yu 5. ù 6. ú 7. i 8. ù

2 성조 표기 규칙

(1) 성조는 운모 위에 표기해요. 예 bà

(2) i 위에 성조를 표기할 때는 위의 점을 빼고 표기해요. 예 nǐ

(3) 운모가 두 개 이상일 경우에는 입이 크게 벌어지는 순서로 표기해요.
 a > o, e > i, u, ü
 예 gāo, xiàn, hòu, jiě, lüè

(4) i와 u가 같이 있을 경우에는 뒤에 표기해요. 예 liù, duì

음원 듣기 Test 04

녹음을 듣고, 발음에 해당하는 성조를 표시해 보세요.

1. xiao 2. gou 3. zui 4. xue

정답 1. xiāo 2. gǒu 3. zuì 4. xué

3 경성

원래 모든 한자는 고유의 성조를 가지고 있지만, 단어 또는 문장 속에서 본래의 성조를 잃고 짧고 약하게 발음하는 경우가 있는데 이것을 경성이라고 해요. 경성은 성조를 표기하지 않으며, 앞 음절에 따라 성조의 음높이가 달라져요.

음원 듣기 Test 05

녹음을 듣고, 발음에 해당하는 성조를 표시해 보세요.

1. pengyou　　2. jiejie　　3. gege　　4. didi

정답 1. péngyou　2. jiějie　3. gēge　4. dìdi

4 성조 변화

Track 06

(1) 3성의 성조 변화

3성과 3성이 연이어 나오면 앞의 3성은 2성으로 발음해 주세요.

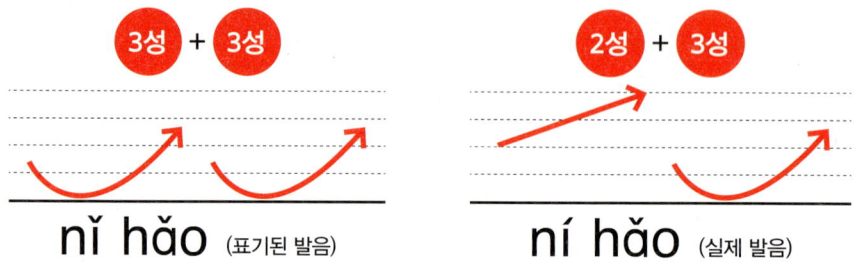

3성 뒤에 1성, 2성, 4성, 경성이 오면 앞의 3성은 반3성으로 발음해 주세요.
반3성은 내려갔다가 올라오는 음 중에서 내려가는 음, 즉 앞부분의 반만 발음하는 거예요.

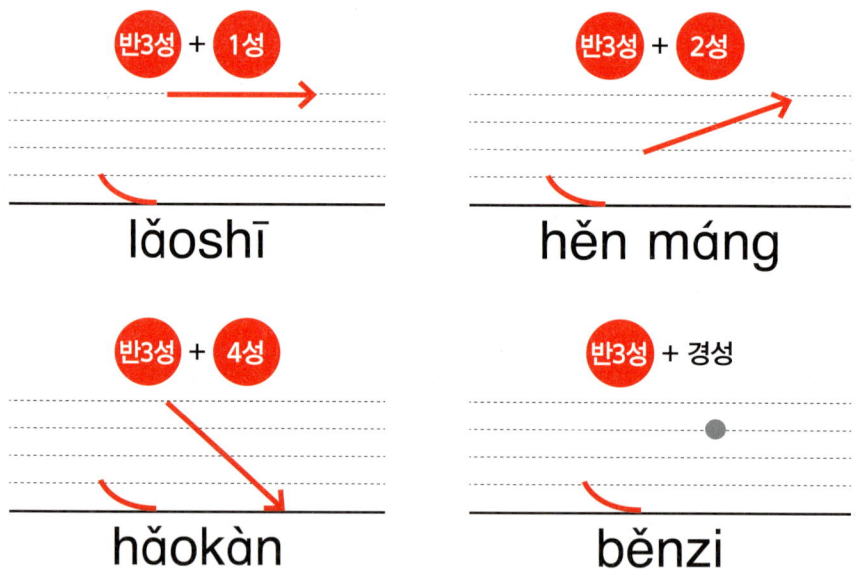

(2) '不'의 성조 변화

'아니다'라는 뜻의 한자 '不'의 발음은 4성 'bù'지만 뒤에 4성이 나올 경우 2성 'bú'로 발음해요.
한어 병음은 변화된 성조로 표기해요.

- 不 + 吃 = 不吃
  bù + chī = bù chī

- 不 + 忙 = 不忙
  bù + máng = bù máng

- 不 + 好 = 不好
  bù + hǎo = bù hǎo

- 不 + 要 = 不要
  bù + yào = bú yào

- 不 + 看 = 不看
  bù + kàn = bú kàn

(3) '一'의 성조 변화

'一'의 발음은 1성 'yī'지만 뒤에 4성이나 경성이 나올 경우 2성 'yí'로 발음해요.
한어 병음은 변화된 성조로 표기해요.

- 一 + 下 = 一下
  yī + xià = yíxià

- 一 + 个 = 一个
  yī + ge = yí ge

'一' 뒤에 1성, 2성, 3성이 나올 경우에는 4성 'yì'로 발음해요.
한어 병음은 변화된 성조로 표기해요.

- 一 + 天 = 一天
  yī + tiān = yì tiān

- 一 + 年 = 一年
  yī + nián = yì nián

- 一 + 起 = 一起
  yī + qǐ = yìqǐ

'一'가 단독으로 또는 맨 끝에 쓰이거나 순서를 나타낼 때는 성조가 변하지 않아요.

- 十一
  11
  shíyī

- 第一课
  제1과
  dì yī kè

- 一月
  1월
  yī yuè

(4) '얼화(儿化)' 발음

'儿'의 원래 발음은 'ér'이지만, 다른 글자 뒤에 접미사로 쓰일 때는 한어 병음 'r'만 붙여 주고 혀를 말아서 발음해 주는데 이를 '얼화'라고 해요. 북방 지역 사람들은 특히 습관적으로 많은 단어를 '얼화'해서 발음해요. '儿'이 붙으면 작고 귀여운 느낌을 더해 주기도 하고, 단어의 뜻이 바뀌기도 하고, 품사가 바뀌기도 해요.

- 这 + 儿 = 这儿
  zhè + ér = zhèr 쩔

- 玩 + 儿 = 玩儿
  wán + ér = wánr 왈 – 발음할 때 n이 탈락함.

- 事 + 儿 = 事儿
  shì + ér = shìr 셜 – 발음할 때 i가 탈락하고 e가 추가됨.

- 盖 + 儿 = 盖儿
  gài + ér = gàir 깔 – 발음할 때 i가 탈락함.

※ 발음 규칙을 다 외우려고 하기보다는 문장 속에서 자연스럽게 익히는 게 가장 좋아요! 부담 갖지 말고, '이런 것이 있구나!' 정도로만 알고 넘어가면 돼요.

읽기 연습

Track 07

bōli 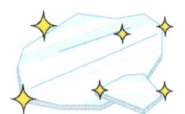 유리	pòchǎn  파산하다	mónǚ  마녀	fójiào  불교
déguó  독일	tèpàiyuán  특파원	niúnǎi  우유	lǎoshī  선생님
gēge  오빠, 형	kělè  콜라	héshuǐ  강물	jiā  집
qián  돈	xīguā  수박	zhìshāng 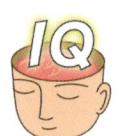 IQ	chìbǎng  날개
shítou  돌	zìjǐ  자기 자신	cídiǎn  사전	sì  숫자 4

듣기 연습

1. 녹음을 듣고, 둘 중 해당하는 발음에 체크해 보세요. 음원 듣기 Test 06

(1) nǔsè ☐   lǜsè ☐

(2) rìběn ☐   lìběn ☐

(3) chīpàn ☐   chīfàn ☐

(4) qǐchuáng ☐   cǐchuáng ☐

2. 녹음을 듣고, 둘 중 해당하는 발음에 체크해 보세요. 음원 듣기 Test 07

(1) gēn ☐   gēr ☐

(2) wánr ☐   wán ☐

(3) yīfu ☐   yīfù ☐

(4) mèiměi ☐   mèimei ☐

3. 녹음을 듣고, 발음에 해당하는 성조와 운모를 함께 채워 보세요. 음원 듣기 Test 08

(1) b☐ q☐

(2) xu☐ x☐

(3) qi☐ ti☐n

(4) ch☐ng g☐ng

4. 녹음을 듣고, 발음에 해당하는 한어 병음을 써 보세요. 음원 듣기 Test 09

(1) _____

(2) _____

정답
1. (1) lǜsè (2) rìběn (3) chīfàn (4) qǐchuáng
2. (1) gēr (2) wánr (3) yīfu (4) mèimei
3. (1) ú, ù (2) é, í (3) ū, ā (4) é, ō
4. (1) zhōngguó (2) hěn dà

숫자 표현

중국에서는 1부터 10까지의 숫자를 한 손으로 나타내요.

一 yī
二 èr
三 sān
四 sì

五 wǔ
六 liù
七 qī
八 bā

九 jiǔ
十 shí

잰말놀이 ∞

四是四，十是十，十四是十四，四十是四十。

sì shì sì, shí shì shí, shísì shì shísì, sìshí shì sìshí.

4는 4이고, 10은 10이고, 14는 14이고, 40은 40이다.

친구에게 인사하다

상황 관찰하기

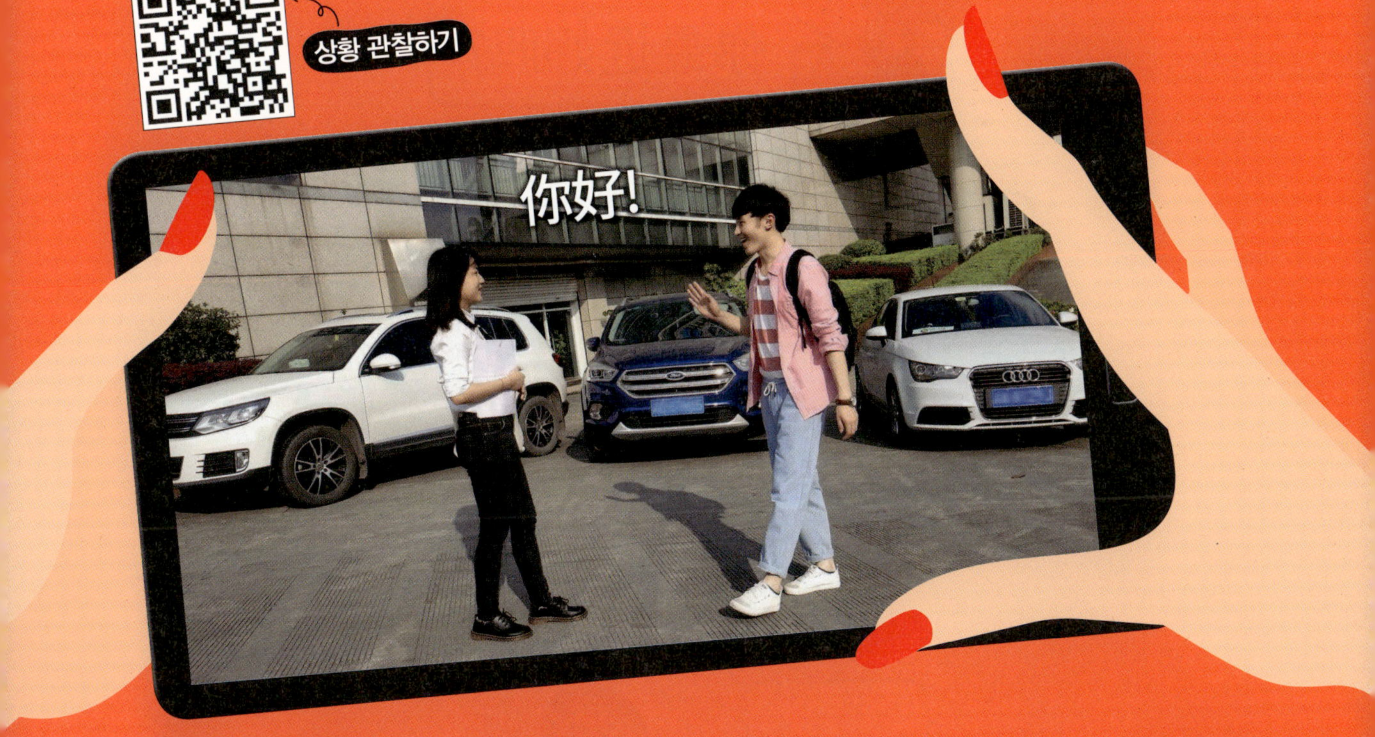

상황 친구 사이인 왕후이와 지혜가 길에서 만나 인사하고 헤어집니다.

등장인물  왕후이  지혜(쯔후이)

강의 보기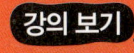

대화 내용 확인하기 · 음원 듣기 1-1

▶ MP3 음원을 들으며 대화 내용과 발음을 확인해 보세요.

니 하오!
你好!

니 하오!
你好!

니 쭈이찐 하오 마?
你最近好吗?

워 헌 하오! 니 너?
我很好! 你呢?

워 이에 헌 하오! 짜이찌앤!
我也很好! 再见!

짜이찌앤!
再见!

문장 익히기 1

 니 하오!
你好!
Nǐ hǎo!
안녕!

 니 하오!
你好!
Nǐ hǎo!
안녕!

你 nǐ 너, 당신
好 hǎo 좋다, 안녕하다
您 nín 당신, 你의 존칭
大家 dàjiā 여러분
早上 zǎoshang 아침
晚上 wǎnshang 저녁

1 만날 때 인사

- '你好! Nǐ hǎo!'는 가장 일반적인 인사말이에요. '好 hǎo'의 기본 뜻은 '좋다'지만, 인사말에서는 '안녕하다'라는 의미예요. '好' 앞에 대상이나 시간을 나타내는 단어를 넣어서 다양한 인사말을 만들어요.

	닌 하오!		따지아 하오!
(어른께) 안녕하세요!	您好! Nín hǎo!	여러분 안녕하세요!	大家好! Dàjiā hǎo!
	자오샹 하오!		완샹 하오!
좋은 아침!	早上好! Zǎoshang hǎo!	좋은 저녁!	晚上好! Wǎnshang hǎo!

2 인칭 대명사

- 인칭 대명사 단수형에 '们 men'만 붙이면 '~들'이라는 복수형이 돼요.

나 我 wǒ	너 你 nǐ 당신 您 nín	그 他 tā	그녀 她 tā
우리들 我们 wǒmen	너희들 你们 nǐmen	그들 他们 tāmen	그녀들 她们 tāmen

아하!

- 점심 인사로 '中午好! Zhōngwǔ hǎo!'라는 표현이 있지만, 실제 중국인들이 잘 하지 않는 말이에요. '吃饭了吗? Chī fàn le ma?'(밥 먹었어?)라는 말로 점심 인사를 대신해요.
- '您们 nínmen'이라는 표현은 없어요. 사람이 아닌 것은 '그것 它 tā', '그것들 它们 tāmen'이라고 해요.

문장 익히기 ❷

니 쭈이찐 하오 마?
你最近好吗?
Nǐ zuìjìn hǎo ma?
너 요즘 잘 지내?

워 헌 하오! 니 너?
我很好! 你呢?
Wǒ hěn hǎo! Nǐ ne?
나 잘 지내! 너는?

最近 zuìjìn	요즘
吗 ma	~입니까?(의문 조사)
我 wǒ	나
很 hěn	매우
呢 ne	~는요?(의문 조사)
忙 máng	바쁘다
饿 è	배고프다
她 tā	그녀

1 의문문 만들기

- 평서문 끝에 의문 조사 '吗 ma'를 붙이면 의문문을 만들 수 있어요.

너 바빠?
니 망 마?
你忙吗?
Nǐ máng ma?

너 배고파?
니 어 마?
你饿吗?
Nǐ è ma?

- 의문 조사 '呢 ne'는 '~는요?'라고 풀이되며, 뒷말을 생략해서 물을 때 쓰여요. 상대방에게 '너는?'이라고 되물을 때 '你呢? Nǐ ne?'라고 해요.

그녀는?
타 너?
她呢?
Tā ne?

2 형용사 술어문

- 형용사가 그대로 서술어가 되는 문장을 '형용사 술어문'이라고 해요.

나 바빠.
워 헌 망.
我很忙。
Wǒ hěn máng.

나 배고파.
워 헌 어.
我很饿。
Wǒ hěn è.

아하!

- '니하오', '니하오마'는 많이 들어 보았죠? '你好! Nǐ hǎo!'는 '안녕하세요'라는 인사이고, '你好吗? Nǐ hǎo ma?'는 '잘 지내세요?'라고 안부를 물어보는 말이에요.
- '很 hěn'은 '매우'라는 뜻인데, 중국인들은 형용사 앞에 '很'을 습관처럼 붙여서 말해요. 그래서 꼭 '매우'라고 풀이해 줄 필요는 없어요.

문장 익히기 ❸

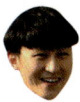
워 이에 헌 하오! 짜이찌앤!
我也很好! 再见!
Wǒ yě hěn hǎo! Zàijiàn!
나도 잘 지내! 잘 가!

짜이찌앤!
再见!
Zàijiàn!
안녕!

也 yě	~도
再 zài	또, 다시
见 jiàn	보다, 만나다
再见 zàijiàn	또 뵙겠습니다, 잘 가
明天 míngtiān	내일
星期五 xīngqīwǔ	금요일
拜拜 báibái	잘 가
晚安 wǎn'ān	잘 자

1 부사 也

- 부사 '也 yě'는 '~도(또한)'라는 뜻으로, '也' 뒤에는 서술어가 와요.

나도 바빠.   워 이에 헌 망.
我也很忙。
Wǒ yě hěn máng.

나도 배고파.   워 이에 헌 어.
我也很饿。
Wǒ yě hěn è.

2 헤어질 때 인사

- '再见! Zàijiàn!'은 헤어질 때 하는 인사말이에요. '再 zài'는 '또', '见 jiàn'은 '만나다'라는 뜻이므로 '또 만나요!'라는 의미예요. '见' 앞에 시간을 나타내는 단어를 넣어서 다양한 인사말을 만들 수 있어요.

내일 봐!   밍티앤 찌앤!
明天见!
Míngtiān jiàn!

금요일에 만나!   씽치우 찌앤!
星期五见!
Xīngqīwǔ jiàn!

아하!

- 헤어질 때, 영어 인사말인 'Bye bye.'를 본떠서 '拜拜。Báibái.'라고 인사하기도 해요. 밤에 '잘 자'라고 인사할 때는 '晚安! Wǎn'ān!'이라고 해요.
- 가끔 중국인 친구가 간단한 한국어를 가르쳐 달라고 할 때가 있어요.
'你好! Nǐ hǎo!'를 한국어로 뭐라고 해? – '안녕!' 그럼, '再见! Zàijiàn!'은? – '안녕!'
이럴 때마다 중국인들은 모두 '응? 왜 둘 다 똑같이 말해?'라고 하면서 재미있어 해요.

핵심 패턴 연습하기 음원 듣기 1-2

➡ 빈칸에 다양한 표현을 넣어 큰 소리로 연습해 보세요.

상대방의 상태를 물을 때

你 ___ 吗?
Nǐ ___ ma?

- 忙 máng 바쁘다
- 累 lèi 피곤하다
- 饿 è 배고프다
- 饱 bǎo 배부르다
- 冷 lěng 춥다

내 상태를 말할 때

我很 ___ !
Wǒ hěn ___ !

- 困 kùn 졸리다
- 热 rè 덥다
- 疼 téng 아프다
- 渴 kě 목마르다
- 无聊 wúliáo 심심하다

뿜뿜 대화 체험하기

➜ 우리말 대본을 참고하여, 아래 영상에서 소리가 빈 부분을 중국어로 말해 보세요. 역할별로 두 번 재생됩니다.

QR코드를 찍으면 대화 체험용 영상을 볼 수 있습니다.

친구에게 인사하다

왕후이: 안녕!

지혜: 안녕!

왕후이: 너 요즘 잘 지내?

지혜: 나 잘 지내! 너는?

왕후이: 나도 잘 지내! 잘 가!

지혜: 안녕!

쓱쓱 문장 만들기

1. 우리말 대화를 보고, 중국어 문장을 완성해 보세요.

    1) A: 안녕!

       _____!

       B: 안녕!

       _____!

    2) A: 잘 가!

       _____!

       B: 잘 가!

       _____!

2. 주어진 단어를 이용하여, 중국어 문장을 만들어 보세요.

    1) 너 요즘 잘 지내?

       吗 / 最近 / 你 / 好
       ma   zuìjìn   nǐ   hǎo

       ➡ _____

    2) 나 잘 지내! 너는?

       呢 / 我 / 好 / 很 / 你
       ne   wǒ   hǎo hěn nǐ

       ➡ _____

    3) 나도 잘 지내!

       也 / 很 / 我 / 好
       yě   hěn wǒ   hǎo

       ➡ _____

정답 1. 1) A: 你好 B: 你好 2) A: 再见 B: 再见
2. 1) 你最近好吗? 2) 我很好! 你呢? 3) 我也很好!

알아 두면 꿀 떨어지는 꿀 표현

오랜만에 만난 친구에게 반가움을 표현해 보세요.

오랜만이야!　　A: 好久不见!
　　　　　　　　　하오지우 부 찌앤!
　　　　　　　　　Hǎojiǔ bú jiàn!

오랜만이야!　　B: 好久不见!
　　　　　　　　　하오지우 부 찌앤!
　　　　　　　　　Hǎojiǔ bú jiàn!

너 요즘 어때?　A: 你最近怎么样?
　　　　　　　　　니 쭈이찐 전머양?
　　　　　　　　　Nǐ zuìjìn zěnmeyàng?

나 요즘 잘 지내. 너는?　B: 我最近很好。你呢?
　　　　　　　　　　　　　　워 쭈이찐 헌 하오. 니 너?
　　　　　　　　　　　　　　Wǒ zuìjìn hěn hǎo. Nǐ ne?

나도 잘 지내. 나 갈게.　A: 我也很好。我走了。
　　　　　　　　　　　　　워 이에 헌 하오. 워 조우 러.
　　　　　　　　　　　　　Wǒ yě hěn hǎo. Wǒ zǒu le.

안녕!　　B: 拜拜!
　　　　　　　바이바이!
　　　　　　　Báibái!

好久不见 hǎojiǔ bú jiàn 오랜만이다
怎么样 zěnmeyàng 어때요?
走 zǒu 가다
了 le 조사

02 상대방의 국적을 묻다

상황 관찰하기

她是中国人吗?

상황 왕후이가 지혜의 짐을 들어 주면서, 지나가던 친구 유나에 관해 물어봅니다.

등장인물  왕후이  지혜(쯔후이)   유나(로우나)

강의 보기

대화 내용 확인하기 · 음원 듣기 2-1

▶ MP3 음원을 들으며 대화 내용과 발음을 확인해 보세요.

쩌 스 션머?
这是什么?

쩌 스 워 더 싱리.
这是我的行李。

워 빵 니 나 싱리!
我帮你拿行李!

씨에씨에!
谢谢!

나 스 셰이?
那是谁?

나 스 워 펑요우, 로우나.
那是我朋友, 柔娜。

타 스 쫑구어런 마?
她是中国人吗?

부스 타 스 한구어런.
不是, 她是韩国人。

타 스 쉬에셩 마?
她是学生吗?

스 타 스 따쉬에셩.
是, 她是大学生。

문장 익히기 1

 쩌 스 션머?
这是什么?
Zhè shì shénme?
이건 뭐야?

 쩌 스 워 더 싱리.
这是我的行李。
Zhè shì wǒ de xíngli.
이거 내 짐이야.

| 这 zhè 이, 이것
| 是 shì ~이다
| 什么 shénme 무엇, 무슨
| 的 de ~의, ~한
| 行李 xíngli 짐
| 智能手机 zhìnéng shǒujī 스마트폰
| 爱 ài 사랑하다, 사랑
| 护照 hùzhào 여권

1 지시 대명사 这, 동사 是

- '这 zhè'는 가까이 있는 사람이나 사물을 지칭하는 말로, '이, 이것'이라는 뜻이에요. 비교적 멀리 있는 사람이나 사물을 가리키는 '저, 저것, 그것'은 '那 nà'라고 해요. '是 shì'는 '~이다'라는 뜻의 동사로, 'A+是 shì+B'의 형태로 쓰이면 'A는 B이다'라고 풀이해요.

이것은 스마트폰이야.
쩌 스 쯔넝 쇼우찌.
这是智能手机。
Zhè shì zhìnéng shǒujī.

2 의문사 什么

- '什么 shénme'는 '무엇', '무슨'이라는 뜻으로, 의문문을 만들어 주는 의문 대명사예요. 문장을 만들 때는 '무엇'이라는 말이 들어갈 자리에 넣어 주면 돼요!

사랑이 뭐예요?
아이스 션머?
爱是什么?
Ài shì shénme?

무엇이 사랑이에요?
션머 스 아이?
什么是爱?
Shénme shì ài?

3 구조 조사 的

- '的 de'는 명사를 수식해 주는 말로 '~의', '~한'으로 풀이해요.

이것은 제(저의) 여권이에요.
쩌 스 워 더 후짜오.
这是我的护照。
Zhè shì wǒ de hùzhào.

의문사로 의문문을 만들 때는 1과에서 배웠던 의문 조사 '吗 ma'와 함께 쓸 수 없어요!

| 이건 뭐예요? | 쩌 스 션머?
这是什么? (○)
Zhè shì shénme? | 쩌 스 션머 마?
这是什么吗? (×)
Zhè shì shénme ma? |

문장 익히기 ❷

워 빵 니 나 싱리!
我帮你拿行李!
Wǒ bāng nǐ ná xíngli!
내가 짐 드는 거 도와줄게!

씨에씨에!
谢谢!
Xièxie!
고마워!

帮 bāng	돕다
拿 ná	잡다, 들다
谢谢 xièxie	감사합니다
买 mǎi	사다
东西 dōngxi	물건
老师 lǎoshī	선생님

1 중국어 어순

- 중국어 어순은 기본적으로 '주어+동사+목적어' 순이에요.

내가 너를 도와줄게.
워 빵 니.
我帮你。
Wǒ bāng nǐ.

내가 짐을 들게.
워 나 싱리.
我拿行李。
Wǒ ná xíngli.

- '我帮你拿行李。Wǒ bāng nǐ ná xíngli.'는 '내가 너를 도와서 짐을 들게.'라는 뜻인데요. 이렇게 두 개 이상의 동작이 이어질 때는 먼저 일어나는 동작부터 말해 주세요. 우리말로 자연스럽게 풀이하면 '내가 짐 드는 거 도와줄게.'예요.

내가 물건 사는 거 도와줄게.
워 빵 니 마이 똥시.
我帮你买东西。
Wǒ bāng nǐ mǎi dōngxi.

2 감사 인사

- '谢谢! Xièxie!'는 '감사합니다!', '고맙습니다!'라는 뜻으로, 감사 인사를 건넬 때 하는 말이에요. '谢谢' 뒤에 감사한 대상을 넣어서 말할 수도 있어요.

(너에게) 고마워!
씨에씨에 니!
谢谢你!
Xièxie nǐ!

여러분 고마워요!
씨에씨에 따지아!
谢谢大家!
Xièxie dàjiā!

선생님 감사합니다!
씨에씨에 라오스!
谢谢老师!
Xièxie lǎoshī!

'谢谢! Xièxie!'의 일반적인 대답은 '不客气! Bú kèqi!(천만에요!)'예요. '别客气! Bié kèqi!(사양하지 마세요!)', '不用谢! Búyòng xiè!(고마워할 필요 없어요!)'라고도 대답할 수 있어요.

문장 익히기 3

나 스 셰이?
那是谁?
Nà shì shéi?
저 사람은 누구야?

나 스 워 펑요우, 로우나.
那是我朋友，柔娜。
Nà shì wǒ péngyou, Róunà.
저 사람은 내 친구, 유나야.

那 nà	저, 저것, 그, 그것
谁 shéi	누구
朋友 péngyou	친구
柔娜 Róunà	유나(인명)
丈夫 zhàngfu	남편
妻子 qīzi	아내
妈妈 māma	엄마
那里 nàli	저기
公司 gōngsī	회사

1 의문사 谁

- '谁 shéi'는 '누구'라는 뜻으로, '什么 shénme'처럼 의문문을 만드는 의문 대명사예요.
  '那是谁? Nà shì shéi?'에서 '那 nà'는 '저 사람'이라는 뜻으로, 사람을 가리키는 말로 쓰였어요.

쩌 스 셰이?
이 사람은 누구예요? **这是谁?**
Zhè shì shéi?

2 구조 조사 的의 생략

- '나의 친구'라고 하려면 '我的朋友 wǒ de péngyou'라고 해야 하는데, '的'가 빠져 있네요! 왜 그럴까요? 가족·친족 관계, 친구 관계 등 친밀한 관계나 내가 소속되어 있는 단체 등을 말할 때는 '的 de'를 생략해서 말해요. 중국어도 간단하게 말하는 걸 좋아한다는 사실, 기억하세요!

쩌 스 워 짱푸.
이 사람은 제 남편이에요. **这是我丈夫。**
Zhè shì wǒ zhàngfu.

쩌 스 워 치즈.
이 사람은 제 아내예요. **这是我妻子。**
Zhè shì wǒ qīzi.

나 스 워 마마.
저 분은 우리 엄마예요. **那是我妈妈。**
Nà shì wǒ māma.

나리 스 워 꽁쓰.
저기는 우리 회사예요. **那里是我公司。**
Nàli shì wǒ gōngsī.

지시 대명사 뒤에 '儿'이나 '里'를 붙여 주면 장소를 나타내는 말이 돼요.
이, 이것 这 zhè → 여기 这儿 zhèr, 这里 zhèli
저, 저것, 그것 那 nà → 저기, 거기, 그곳 那儿 nàr, 那里 nàli

문장 익히기 4

타 스 쫑구어런 마?
她是中国人吗?
Tā shì Zhōngguórén ma?
쟤는 중국인이야?

부 스, 타 스 한구어런.
不是，她是韩国人。
Bú shì, tā shì Hánguórén.
아니, 쟤는 한국인이야.

| 中国人 Zhōngguórén 중국인
| 不 bù 아니다(부정을 나타냄)
| 韩国人 Hánguórén 한국인
| 他 tā 그
| 哪 nǎ 어느
| 国 guó 나라
| 人 rén 사람

1 국적 묻기

- 평서문 끝에 '吗 ma'를 붙이거나, 의문 대명사 '哪 nǎ(어느)'로 국적을 물어봐요.

너는 중국인이니?
니 스 쫑구어런 마?
你是中国人吗?
Nǐ shì Zhōngguórén ma?

그는 어느 나라 사람이야?
타 스 나 구어 런?
他是哪国人?
Tā shì nǎ guó rén?

2 부정 부사 不

- 동사나 형용사 앞에 '不 bù'를 붙이면 부정형 문장이 돼요. '不是。Bú shì.'는 '아니요.'라는 뜻으로, 'A+不是 bú shì+B'의 형태로 쓰이면 'A는 B가 아니다'라는 의미예요.

나는 중국인이 아니야.
워 부 스 쫑구어런.
我不是中国人。
Wǒ bú shì Zhōngguórén.

- 의문문을 만들 때, 긍정과 부정을 붙여서 물어보는 형식인 '정반 의문문'으로도 물어볼 수 있어요. '정반 의문문'의 끝에는 의문 조사 '吗 ma'를 붙이지 않아요.

그는 한국인이야?
타 스 부 스 한구어런?
他是不是韩国人?
Tā shì bu shì Hánguórén?

'不 bù' 뒤에 4성이 올 때는 '不'가 2성(bú)으로 바뀐다는 것을 잊지 마세요! 그리고 정반 의문문에서 가운데 '不'는 경성으로 가볍게 발음해요.

문장 익히기 5

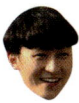
타 스 쉬에성 마?
她是学生吗?
Tā shì xuésheng ma?
쟤는 학생이야?

스, 타 스 따쉬에성.
是，她是大学生。
Shì, tā shì dàxuéshēng.
응, 쟤는 대학생이야.

学生 xuésheng	학생
大学生 dàxuéshēng	대학생
留学生 liúxuéshēng	유학생
游客 yóukè	관광객

1 긍정의 대답

- '응.', '네.'라고 대답할 때는 간단하게 '是。Shì.'라고 하면 돼요.

너는 유학생이야?
니 스 리우쉬에성 마?
你是留学生吗?
Nǐ shì liúxuéshēng ma?

응, 나는 유학생이야.
스, 워 스 리우쉬에성.
是，我是留学生。
Shì, wǒ shì liúxuéshēng.

아니, 나는 관광객이야.
부 스, 워 스 요우커.
不是，我是游客。
Bú shì, wǒ shì yóukè.

'모범생'을 중국어로 뭐라고 할까요? 한자 그대로 '模范生 mófànshēng'이라고 해요. 또, '지·덕·체' 세 가지를 두루 갖춘 학생이라고 해서 '三好学生 sānhǎoxuésheng'이라고도 말해요.

핵심 패턴 연습하기 음원 듣기 2-2

➡ 빈칸에 다양한 표현을 넣어 큰 소리로 연습해 보세요.

뿜뿜 대화 체험하기

➤ 우리말 대본을 참고하여, 아래 영상에서 소리가 빈 부분을 중국어로 말해 보세요.

상대방의 국적을 묻다

왕후이: 이건 뭐야?

지혜: 이거 내 짐이야.

왕후이: 내가 짐 드는 거 도와줄게!

지혜: 고마워!

왕후이: 저 사람은 누구야?

지혜: 저 사람은 내 친구, 유나야.

왕후이: 쟤는 중국인이야?

지혜: 아니, 쟤는 한국인이야.

왕후이: 쟤는 학생이야?

지혜: 응, 쟤는 대학생이야.

쏙쏙 문장 만들기

1. 우리말 대화를 보고, 중국어 문장을 완성해 보세요.

    1) A: 저 사람은 누구야?

       _____?

       B: 저 사람은 내 친구, 유나야.

       _____, 柔娜。

    2) A: 그녀는 중국인이야?

       她是_____?

       B: 아니, 그녀는 한국인이야.

       _____ , 她是_____。

2. 주어진 단어를 이용하여, 중국어 문장을 만들어 보세요.

    1) 이건 뭐야?

       这 / 什么 / 是
       zhè   shénme   shì

       ➡ _____

    2) 이거 내 짐이야.

       是 / 我 / 这 / 行李 / 的
       shì   wǒ   zhè   xíngli   de

       ➡ _____

    3) 내가 짐 드는 거 도와줄게.

       帮 / 行李 / 你 / 我 / 拿
       bāng   xíngli   nǐ   wǒ   ná

       ➡ _____

정답 1. 1) A: 那是谁 B: 那是我朋友   2) A: 中国人吗 B: 不是, 韩国人
2. 1) 这是什么? 2) 这是我的行李。 3) 我帮你拿行李。

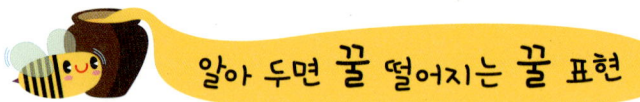

중국의 학제는 초등학교 6년, 중·고등학교 6년, 대학교 4년, 대학원 2~3년으로 우리나라와 비슷하지만, 학교 명칭은 조금 달라요.
학년을 묻고 답하는 표현도 함께 알아볼까요?

너는 몇 학년이니?
니 샹 지 니앤지?
你上几年级?
Nǐ shàng jǐ niánjí?

나는 대학교 3학년이야.
워 샹 따쉬에 싼 니앤지.
我上大学三年级
Wǒ shàng dàxué sān niánjí.

초등학교	小学 xiǎoxué
중·고등학교	中学 zhōngxué
중학교	初中 chūzhōng
고등학교	高中 gāozhōng
대학교	大学 dàxué
대학원	研究生院 yánjiūshēngyuàn

초등학생	小学生 xiǎoxuéshēng
중·고등학생	中学生 zhōngxuéshēng
중학생	初中生 chūzhōngshēng
고등학생	高中生 gāozhōngshēng
대학생	大学生 dàxuéshēng
대학원생	研究生 yánjiūshēng

上 shàng 다니다
年级 niánjí 학년

03 이름과 나이를 묻다

상황 관찰하기

你叫什么名字?

상황 유나가 왕후이에게 이름을 물어보고, 왕후이는 유나의 나이를 물어봅니다.

등장인물  왕후이  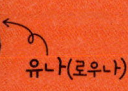 유나(로우나)  지혜(쯔후이)

강의 보기

대화 내용 확인하기 음원 듣기 3-1

→ MP3 음원을 들으며 대화 내용과 발음을 확인해 보세요.

니 찌아오 션머 밍즈?
你叫什么名字?

워 찌아오 왕후이.
我叫王辉。

니 찐니앤 뚜어 따?
你今年多大?

워 찐니앤 얼스싼 쑤이.
我今年二十三岁。

워먼 스 통쑤이! 런스 니 헌 까오씽.
我们是同岁!认识你很高兴。

런스 니 워 이에 헌 까오씽.
认识你我也很高兴。

문장 익히기 1

 니 찌아오 션머 밍즈?
你叫什么名字?
Nǐ jiào shénme míngzi?
너는 이름이 뭐야?

 워 찌아오 왕후이.
我叫王辉。
Wǒ jiào Wáng Huī.
나는 왕후이야.

| 叫 jiào ~라고 부르다
| 名字 míngzi 이름
| 王辉 Wáng Huī 왕후이(인명)
| 金柔娜 Jīn Róunà 김유나(인명)
| 贵姓 guìxìng 성함
| 姓 xìng 성이 ~이다
| 金 Jīn 김(성씨)

1 이름 묻고 답하기

- '叫 jiào'는 '~라고 부르다'라는 뜻으로, '이름이 ~이다'라고 말할 때 쓰는 표현이에요. '你叫什么名字? Nǐ jiào shénme míngzi?'는 '너는 무슨 이름으로 불리니?', 즉 '너는 이름이 뭐야?'라는 표현이에요. '名字 míngzi'를 생략하고 '你叫什么? Nǐ jiào shénme?'라고 물어도 돼요.

너는 이름이 뭐야?　　니 찌아오 션머 밍즈?
你叫什么名字?
Nǐ jiào shénme míngzi?

나는 김유나라고 해.　　워 찌아오 찐 로우나.
我叫金柔娜。
Wǒ jiào Jīn Róunà.

- 격식을 차려야 하는 자리에서 정중하게 이름을 물을 때는 '您贵姓? Nín guìxìng?'이라고 해요.

당신은 성함이 어떻게 되세요?　　닌 꾸이씽?
您贵姓?
Nín guìxìng?

제 성은 김이고, 김유나라고 해요.　　워 씽 찐, 찌아오 찐 로우나.
我姓金, 叫金柔娜。
Wǒ xìng Jīn, jiào Jīn Róunà.

'您贵姓? Nín guìxìng?'에서 '贵 guì'는 '귀하다'라는 의미로, 상대방을 높여 주는 역할을 해요. '您 nín' 말고 다른 단어를 넣어서 말하지 않으니, 고정된 표현으로 외워 주세요.

	타 꾸이씽?	타 찌아오 션머 밍즈?	타 찌아오 션머?
그는 성함이 어떻게 되세요?	他贵姓? (X)	他叫什么名字? (O)	他叫什么? (O)
	Tā guìxìng?	Tā jiào shénme míngzi?	Tā jiào shénme?

문장 익히기 ❷

 니 찐니앤 뚜어 따?
你今年多大?
Nǐ jīnnián duō dà?
너는 올해 몇 살이야?

 워 찐니앤 얼스싼 쑤이.
我今年二十三岁。
Wǒ jīnnián èrshísān suì.
나는 올해 23살이야.

今年 jīnnián	올해
多 duō	많다, 얼마나
大 dà	크다, 나이가 많다
岁 suì	살, 세(나이)
几 jǐ	몇(10 이하를 물어볼 때)
年纪 niánjì	나이

1 나이 묻기

- '今年 jīnnián'은 '올해'라는 뜻이에요. '작년'은 '去年 qùnián'이라고 하고, '내년'은 '明年 míngnián'이라고 해요.

- '多 duō'는 형용사로 '많다'라는 뜻이지만, 부사로는 '얼마나'라는 뜻이에요. 나이·키·몸무게·거리 등을 물을 때 '多 duō+형용사?'를 써서 '얼마나 ~한가?'라는 표현을 만들 수 있어요. '多大? duō dà?'는 '얼마나 나이가 많아?'라는 의미로, 나이를 묻는 가장 일반적인 표현이에요. 나이를 물어볼 때는 상대방의 연령에 따라 묻는 표현이 달라요.

(10살 이하에게) 너는 몇 살이야?   니 지 쑤이? **你几岁?** Nǐ jǐ suì?

(10살 이상에게) 너는 몇 살이야?   니 뚜어 따? **你多大?** Nǐ duō dà?

(연세가 많은 어른께) 연세가 어떻게 되세요?   닌 뚜어 따 니앤찌? **您多大年纪?** Nín duō dà niánjì?

2 나이 말하기(명사 술어문)

- 나이·시간·날짜·출신 지역 등을 말할 때 명사가 서술어가 되는데, 이를 '명사 술어문'이라고 해요. 이때는 동사 '是 shì(~이다)'를 말하지 않아요.

저는 35살이에요.   워 싼스우 쑤이. **我三十五岁。** Wǒ sānshíwǔ suì.

명사 술어문에서 부정형 문장에는 '不是 bú shì(~아니다)'를 넣어야 해요.

그녀는 스무 살이 아니에요.   타 부 스 얼스 쑤이 **她不是二十岁。** Tā bú shì èrshí suì.

문장 익히기 ❸

워먼 스 통쑤이! 런스 니 헌 까오씽.
我们是同岁！认识你很高兴。
Wǒmen shì tóngsuì! Rènshi nǐ hěn gāoxìng.
우리 동갑이네! 만나서 반가워.

런스 니 워 이에 헌 까오씽.
认识你我也很高兴。
Rènshi nǐ wǒ yě hěn gāoxìng.
나도 만나서 반가워.

我们 wǒmen	우리
同岁 tóngsuì	동갑이다
认识 rènshi	알다
高兴 gāoxìng	기쁘다
金秀贤 Jīn Xiùxián	김수현(인명)
知道 zhīdào	알다

1 동갑

- '同岁 tóngsuì'의 '同 tóng'은 '같다', '岁 suì'는 '살, 세(나이)'이므로, '같은 나이'라는 말이에요. 그대로 서술어가 되기도 해서 '我们同岁。Wǒmen tóngsuì.'라고 말해도 돼요.

2 처음 만났을 때 인사

- '认识你很高兴。Rènshi nǐ hěn gāoxìng.'은 처음 만났을 때 하는 인사말로 '만나서 반가워요.'라는 표현이에요. 풀이하면, '당신을 알게 되어 기쁩니다.'라는 뜻이에요. '认识你我也很高兴。Rènshi nǐ wǒ yě hěn gāoxìng.'을 풀이하면, '당신을 알게 되어 저도 기쁩니다.'라는 의미예요.

- '认识 rènshi'는 서로 아는 사이일 때 쓰는 말이에요. 안면이 없지만, 단순히 상대의 정보를 알 때는 '知道 zhīdào'라고 말해요.

저는 김수현을 알아요.
(서로 아는 사이가 아닌 유명인을 알 때)

워 쯔다오 찐 씨우시앤.
我知道金秀贤。
Wǒ zhīdào Jīn Xiùxián.

아하!

우리는 보통 처음 만나면 바로 나이를 물은 뒤 호칭을 정리하고, 동갑이면 '친구 하자'라고 하죠? 하지만 중국인들은 '동갑이니까 우리 친구네'라는 말을 들으면, 고개를 갸우뚱해요. 나이에 관계없이 대화가 통하고 마음이 맞아야 '친구'라고 생각하기 때문이죠. 그래서 중국인들은 보통 서로를 부를 때 나이와 상관없이 이름을 불러요. 직장에서는 나보다 나이가 많은 사람에게는 '老 lǎo+성씨', 나보다 어린 사람에게는 '小 xiǎo+성씨'로 친근하게 부르기도 한답니다. 또, 우리나라는 태어나면서부터 한 살을 세는 '虚岁 xūsuì'를 쓰는 반면, 중국인들은 만 나이인 '周岁 zhōusuì'를 써요. 중국에 가면 더 어려지는 기분이에요!

핵심 패턴 연습하기 음원 듣기 3-2

→ 빈칸에 다양한 표현을 넣어 큰 소리로 연습해 보세요.

뿜뿜 대화 체험하기

➔ 우리말 대본을 참고하여, 아래 영상에서 소리가 빈 부분을 중국어로 말해 보세요.

이름과 나이를 묻다

유나 ─ 너는 이름이 뭐야?

나는 왕후이야. ─ 왕후이

너는 올해 몇 살이야? ─ 왕후이

유나 ─ 나는 올해 23살이야.

우리 동갑이네! 만나서 반가워. ─ 왕후이

유나 ─ 나도 만나서 반가워.

쏙쏙 문장 만들기

1. 우리말 대화를 보고, 중국어 문장을 완성해 보세요.

   1) A: 너는 이름이 뭐야?

      你_____?

      B: 나는 왕후이야.

      我_____王辉。

   2) A: 너는 올해 몇 살이야?

      你今年_____?

      B: 나는 올해 23살이야.

      我今年_____。

2. 주어진 단어를 이용하여, 중국어 문장을 만들어 보세요.

   1) 우리 동갑이네!

      我们 / 同岁 / 是
      wǒmen   tóngsuì   shì

      ➡ _____

   2) 만나서 반가워.

      很 / 认识 / 高兴 / 你
      hěn   rènshi   gāoxìng   nǐ

      ➡ _____

   3) 나도 만나서 반가워.

      也 / 认识 / 高兴 / 我 / 你 / 很
      yě   rènshi   gāoxìng   wǒ   nǐ   hěn

      ➡ _____

정답 1. 1) A: 叫什么名字 B: 叫 2) A: 多大 B: 二十三岁
     2. 1) 我们是同岁! 2) 认识你很高兴。 3) 认识你我也很高兴。

알아 두면 꿀 떨어지는 꿀 표현

나이를 물어볼 때, 출생연도를 물어보기도 하죠?

몇 년생이에요?
니 스 나 니앤 추성 더?
你是哪年出生的?
Nǐ shì nǎ nián chūshēng de?

저는 1988년생이에요.
워 스 이 지우 빠 빠 니앤 추성 더.
我是1988年出生的。
Wǒ shì yī jiǔ bā bā nián chūshēng de.

중국도 우리나라처럼 열두 지지로 띠를 말한다는 것을 알고 계셨나요?

무슨 띠예요?
니 슈 션머?
你属什么?
Nǐ shǔ shénme?

저는 용띠예요.
워 슈 롱.
我属龙。
Wǒ shǔ lóng.

> 年 nián 년, 연도
> 出生 chūshēng 출생하다
> 属 shǔ ~에 해당하다
> ~띠이다

쥐 鼠 shǔ   소 牛 niú   호랑이 虎 hǔ   토끼 兔 tù   용 龙 lóng   뱀 蛇 shé

말 马 mǎ   양 羊 yáng   원숭이 猴 hóu   닭 鸡 jī   개 狗 gǒu   돼지 猪 zhū

04 사는 곳을 묻다

상황 관찰하기

你住在哪儿?

상황 왕후이가 하굣길에 만난 유나에게 어디 가는지, 집은 어딘지 물어봅니다.

등장인물  왕후이   유나(로우나)

강의 보기

대화 내용 확인하기 🎧 음원 듣기 4-1

> MP3 음원을 들으며 대화 내용과 발음을 확인해 보세요.

니 취 날?
你去哪儿?

워 후이 지아.
我回家。

니 쭈 짜이 날?
你住在哪儿?

워 쭈 짜이 우다오코우.
我住在五道口。
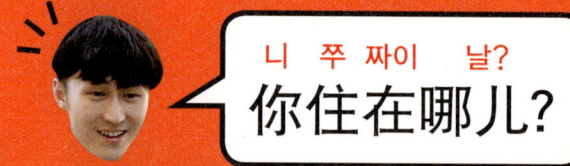

찐티앤 완샹 니 쭈어 션머?
今天晚上你做什么?

워 짜이 지아 씨우씨.
我在家休息。

문장 익히기 1

니 취 날?
你去哪儿?
Nǐ qù nǎr?
너 어디 가?

워 후이 지아.
我回家。
Wǒ huí jiā.
나 집에 가.

去 qù 가다
哪儿 nǎr 어디
回 huí 돌아가다, 돌아오다
家 jiā 집
食堂 shítáng 구내식당
宿舍 sùshè 기숙사
回国 huíguó 귀국하다

1 의문사 哪儿

- '哪儿 nǎr'은 '어디'인지 장소를 물어보는 의문 대명사예요. '哪 nǎ(어느)'에 '儿'이 붙어서 장소를 의미하게 되었어요. '里'를 붙인 '哪里 nǎlǐ(어디)'도 같은 뜻의 단어예요.

너 어디 가?
니 취 날?
你去哪儿?
Nǐ qù nǎr?

나 식당에 가.
워 취 스탕.
我去食堂。
Wǒ qù shítáng.

2 집에 가다

- 자기 집으로 간다는 표현을 할 때는 '去家 qù jiā'라고 하지 않아요. 집은 나왔다가 다시 돌아가는 곳이기 때문에 '돌아가다', '돌아오다'라는 뜻을 가진 동사 '回 huí'를 써서 '回家 huíjiā'라고 말해요. 다시 돌아가는 곳을 말할 때 '回'를 기억하세요!

나 기숙사에 가.
워 후이 쑤셔.
我回宿舍。
Wǒ huí sùshè.

그녀는 귀국해.
타 후이구어.
她回国。
Tā huíguó.

'食堂 shítáng'은 회사나 학교 안에 있는 구내식당을 의미해요. 가족·친구들과 외식을 하는 식당은 '餐厅 cāntīng'이나 '饭店 fàndiàn'이라고 해요. '饭店 fàndiàn'은 사전에 '호텔'이라는 뜻도 나와 있지만, 주로 식당을 가리키는 말이에요. 호텔은 '酒店 jiǔdiàn'이라고 하는데, 한자로는 '주점'이지만 대형 호텔을 가리키는 말이니 오해하면 안 돼요.

문장 익히기 ❷

 니 쭈 짜이 날?
你住在哪儿?
Nǐ zhù zài nǎr?
너 어디에 살아?

 워 쭈 짜이 우다오코우.
我住在五道口。
Wǒ zhù zài wǔdàokǒu.
나 우다오코우에 살아.

住 zhù 살다
在 zài ~에(서), ~에 있다
五道口 wǔdàokǒu 우다오코우
北京 Běijīng 베이징(북경)
首尔 Shǒu'ěr 서울
学校 xuéxiào 학교
附近 fùjìn 부근, 근처

1 사는 곳 묻고 답하기(전치사·동사 在)

- '住在哪儿? zhù zài nǎr?'은 '어디에 사세요?'라는 뜻으로, 사는 곳을 묻는 표현이에요. 여기서 '在 zài'는 전치사 '~에(서)'라는 뜻으로, '住在 zhù zài+장소'는 '~에(서) 살다'라고 풀이해요.

그녀는 어디에 살아? 타 쭈 짜이 날?
她住在哪儿?
Tā zhù zài nǎr?

그녀는 베이징에 살아. 타 쭈 짜이 베이찡.
她住在北京。
Tā zhù zài Běijīng.

- '你家在哪儿? Nǐ jiā zài nǎr?'이라는 표현을 써서 '너희 집은 어디에 있어?'라고도 물어볼 수 있어요. 이때 '在 zài'는 동사로 '~에 있다'라는 뜻이고, '在 zài+장소'의 형태로 말해요.

너희 집은 어디에 있어? 니 지아 짜이 날?
你家在哪儿?
Nǐ jiā zài nǎr?

우리 집은 서울에 있어. 워 지아 짜이 쇼우얼.
我家在首尔。
Wǒ jiā zài Shǒu'ěr.

그의 집은 어디에 있어? 타 지아 짜이 날?
他家在哪儿?
Tā jiā zài nǎr?

그의 집은 학교 근처에 있어. 타 지아 짜이 쉬에씨아오 푸찐.
他家在学校附近。
Tā jiā zài xuéxiào fùjìn.

우다오코우는 베이징에 위치한 대학가로, 북경 대학이나 청화 대학 등 명문 대학과 북경 어언 대학이 있어서 대학생과 외국 유학생이 많은 곳이에요. 특히 이곳에는 한국 유학생이 많아서 코리아타운이 형성되어 있어요.

문장 익히기 3

 찐티앤 완샹 니 쭈어 션머?
今天晚上你做什么?
Jīntiān wǎnshang nǐ zuò shénme?
오늘 저녁에 너 뭐해?

 워 짜이 지아 씨우씨.
我在家休息。
Wǒ zài jiā xiūxi.
나 집에서 쉬어.

今天 jīntiān 오늘
做 zuò 하다
休息 xiūxi 쉬다
现在 xiànzài 지금
看 kàn 보다
电影 diànyǐng 영화
星巴克 Xīngbākè 스타벅스
喝 hē 마시다
咖啡 kāfēi 커피

1 시간을 나타내는 명사

- '天 tiān'은 '하늘'이라는 뜻도 있지만, 중국어에서는 '日(날 일)'의 뜻으로 많이 쓰여요. '今天'을 '금일'이라고 이해하면 '오늘'이라고 쉽게 유추할 수 있어요.

치앤티앤	주어티앤	찐티앤	밍티앤	호우티앤
그제 **前天**	어제 **昨天**	오늘 **今天**	내일 **明天**	모레 **后天**
qiántiān	zuótiān	jīntiān	míngtiān	hòutiān

2 동사 做

- '做 zuò'는 '하다'라는 뜻으로, 여러 동작에 쓰이는 동사예요. 동사 '干 gàn'을 써서 '干什么? gàn shénme? (뭐해?)'라고 말해도 돼요.

씨앤짜이 니 쭈어 션머?
지금 너 뭐해? **现在你做什么?**
Xiànzài nǐ zuò shénme?

- '在 zài+장소+동사'는 '~에서 ~하다'라는 표현이에요. 여기서 '在 zài'는 전치사로 쓰였어요.

워 짜이 지아 칸 띠앤잉.
나 집에서 영화 봐. **我在家看电影。**
Wǒ zài jiā kàn diànyǐng.

워 짜이 씽빠커 허 카페이.
나 스타벅스에서 커피 마셔. **我在星巴克喝咖啡。**
Wǒ zài Xīngbākè hē kāfēi.

중국에서 '스타벅스'를 영어로 말하면, 아무리 혀를 굴려 발음해도 못 알아듣는 경우가 많아요. 중국은 외래어를 한자로 바꾸어 말하기 때문에 발음이 달라져서예요. '스타벅스'는 '스타'를 '星 xīng(별 성)'으로, '벅스'를 발음이 비슷한 한자 '巴克 bākè'로 바꾸어 만들었어요. 또, KFC는 '肯德基 Kěndéjī'라고 하는데, 영어 '켄터키'와 발음이 비슷한 한자를 붙여서 만든 이름이에요.

핵심 패턴 연습하기 음원 듣기 4-2

➡ 빈칸에 다양한 표현을 넣어 큰 소리로 연습해 보세요.

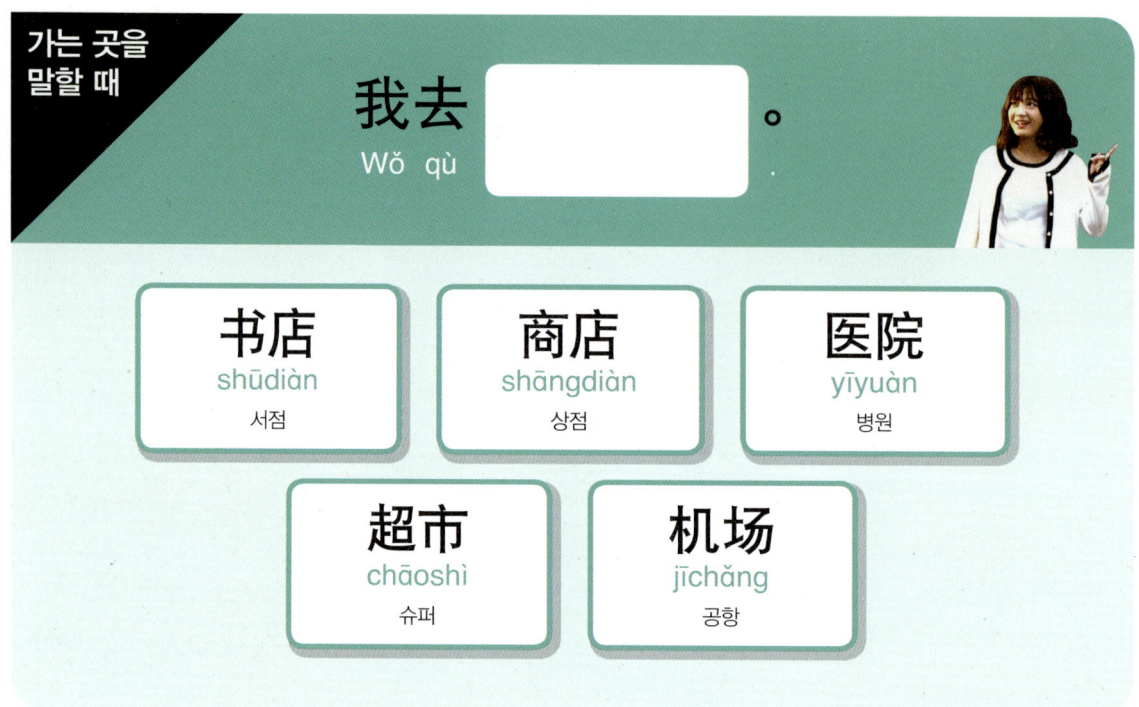

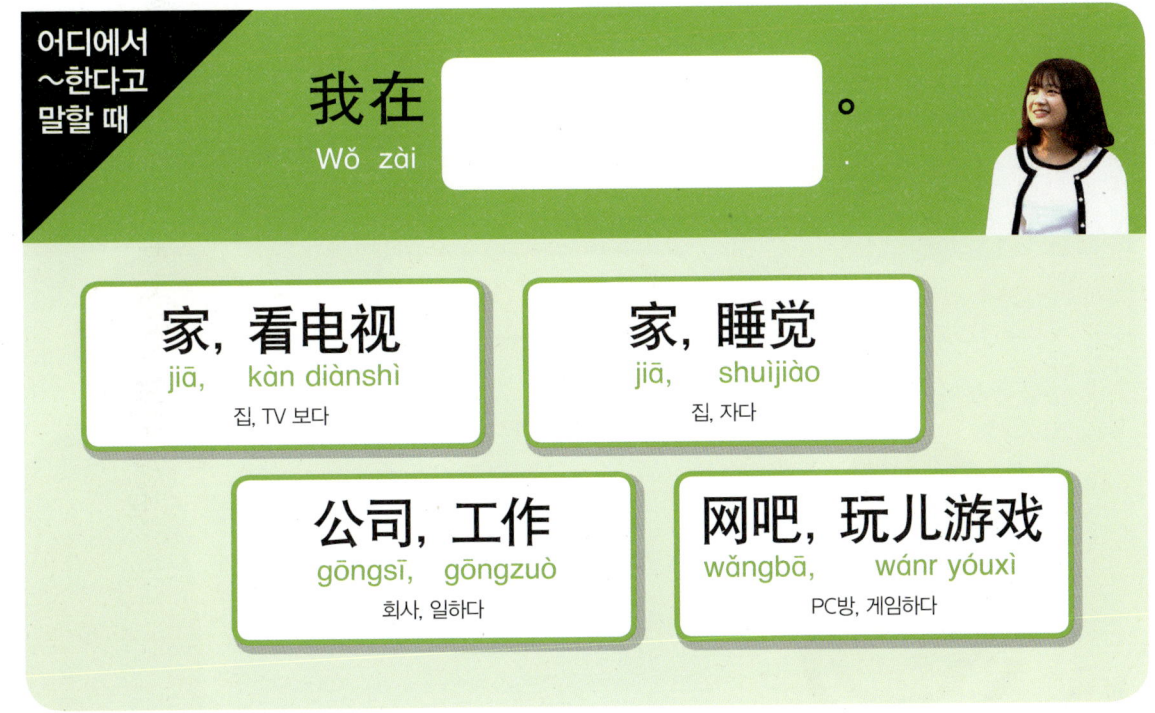

뿜뿜 대화 체험하기

➜ 우리말 대본을 참고하여, 아래 영상에서 소리가 빈 부분을 중국어로 말해 보세요.

사는 곳을 묻다

왕후이: 너 어디 가?

나 집에 가. :유나

왕후이: 너 어디에 살아?

나 우다오코우에 살아. :유나

왕후이: 오늘 저녁에 너 뭐해?

나 집에서 쉬어. :유나

쓱쓱 문장 만들기

1. 우리말 대화를 보고, 중국어 문장을 완성해 보세요.

    1) A: 너 어디 가?

       你_____?

       B: 나 집에 가.

       我_____。

    2) A: 너 어디에 살아?

       你_____?

       B: 나 우다오코우에 살아.

       我_____五道口。

2. 주어진 단어를 이용하여, 중국어 문장을 만들어 보세요.

    1) 오늘 저녁에 너 뭐해?

       今天 / 做 / 什么 / 你 / 晚上
       jīntiān　zuò　shénme　nǐ　wǎnshang

       ➡ _____

    2) 나 집에서 쉬어.

       家 / 我 / 在 / 休息
       jiā　wǒ　zài　xiūxi

       ➡ _____

정답 1. 1) A: 去哪儿 B: 回家 2) A: 住在哪儿 B: 住在
      2. 1) 今天晚上你做什么? 2) 我在家休息。

알아 두면 꿀 떨어지는 꿀 표현

우리나라에는 혈액형으로 성격을 나누어 이야기하는 문화가 있죠?
중국의 젊은 사람들은 별자리로 성격 유형을 이야기하는 것을 좋아해요!
이야기를 나누다가 서로 같은 별자리인 걸 알게 되면 서로 더욱 친밀해져요.

너는 무슨 별자리야?
니 스 션머 씽쭈어 더?
你是什么星座的?
Nǐ shì shénme xīngzuò de?

나는 양자리야.
워 스 바이양쭈어.
我是白羊座。
Wǒ shì báiyángzuò.

星座 xīngzuò 별자리

양자리
白羊座 báiyángzuò

쌍둥이자리
双子座 shuāngzǐzuò

사자자리
狮子座 shīzizuò

천칭자리
天秤座 tiānchèngzuò

사수자리
射手座 shèshǒuzuò

물병자리
水瓶座 shuǐpíngzuò

황소자리
金牛座 jīnniúzuò

게자리
巨蟹座 jùxièzuò

처녀자리
处女座 chǔnǚzuò

전갈자리
天蝎座 tiānxiēzuò

염소자리
摩羯座 mójiézuò

물고기자리
双鱼座 shuāngyúzuò

05 남자 친구가 있는지 묻다

你有男朋友吗?

상황 왕후이가 유나에게 남자 친구가 있는지 물어보고, 휴대폰 번호도 물어봅니다.

상황 관찰하기

등장인물  왕후이   유나(로우나)

강의 보기

대화 내용 확인하기 🎧 음원 듣기 5-1

▶ MP3 음원을 들으며 대화 내용과 발음을 확인해 보세요.

로우나, 찐티앤 니 쩐 피아오량!
柔娜, 今天你真漂亮!

스 마? 씨에씨에! 니 이에 헌 슈아이!
是吗? 谢谢! 你也很帅!

니 요우 난펑요우 마?
你有男朋友吗?

워 메이요우 난펑요우.
我没有男朋友。

나 니 요우 메이요우 쇼우찌?
那你有没有手机?

워 요우 쇼우찌.
我有手机。

니 더 쇼우찌 하오마 스 뚜어샤오?
你的手机号码是多少?

야오 싼 우 빠 빠 리우 치 우 우 얼 지우.
13588675529。

나 워 이호우 게이 니 다 띠앤후아.
那我以后给你打电话。

하오 아.
好啊。

문장 익히기 ①

로우나, 찐티앤 니 쩐 피아오량!
柔娜, 今天你真漂亮!
Róunà, jīntiān nǐ zhēn piàoliang!
유나야, 오늘 너 정말 예쁘다!

스 마? 씨에씨에! 니 이에 헌 슈아이!
是吗? 谢谢! 你也很帅!
Shì ma? Xièxie! Nǐ yě hěn shuài!
그래? 고마워! 너도 멋있어!

真 zhēn 정말, 진짜
漂亮 piàoliang 예쁘다
帅 shuài 잘생기다, 멋지다
时间 shíjiān 시간
快 kuài 빠르다
假 jiǎ 거짓의, 가짜의

1 부사 真

- '真 zhēn'은 '정말', '진짜'라는 뜻으로, 형용사 앞에서 정도를 나타내는 부사로 쓰여요. 형용사가 서술어가 될 때는 동사 '是 shì' 없이 형용사 그대로 서술어가 된다는 것 꼭 주의하세요.

중국은 정말 크다!
쫑구어 쩐 따!
中国真大!
Zhōngguó zhēn dà!

시간이 정말 빠르다!
스지앤 쩐 콰이!
时间真快!
Shíjiān zhēn kuài!

- '真的 zhēn de'는 '정말로' 또는 '진짜'라는 표현으로, 회화에서 많이 쓰여요.

정말이야?
쩐 더 마?
真的吗?
Zhēn de ma?

이건 진짜야, 가짜가 아니야.
쩌 스 쩐 더, 부 스 지아 더.
这是真的, 不是假的。
Zhè shì zhēn de, bú shì jiǎ de.

2 되묻기

- '네'라는 뜻의 '是 shì'에 의문 조사 '吗 ma'를 붙이면, '그래요?'라고 되묻는 표현이에요.

중국의 거리를 다니다 보면 '美女! měinǚ!', '帅哥! shuàigē!'라는 말을 종종 들을 수 있어요. '美女'는 예쁜 여자를, '帅哥'는 잘생긴 남자를 부르는 말이에요. 중국에 있을 때 '美女!'라고 불리면 기분이 좋아지곤 했는데요. 사실 가게의 손님들에게 모두 그렇게 부르는 거였어요! 반대로 못생긴 여자를 '공룡(恐龙 kǒnglóng)', 못생긴 남자를 '청개구리(青蛙 qīngwā)'라고 해요.

문장 익히기 ❷

니 요우 난펑요우 마?
你有男朋友吗?
Nǐ yǒu nánpéngyou ma?
너 남자 친구 있어?

워 메이요우 난펑요우.
我没有男朋友。
Wǒ méiyǒu nánpéngyou.
나 남자 친구 없어.

有 yǒu 있다
男朋友 nánpéngyou 남자 친구
没有 méiyǒu 없다
钱 qián 돈
女朋友 nǚpéngyou 여자 친구
女性 nǚxìng 여성

1 동사 有

- '有 yǒu'는 '있다'라는 뜻으로 '소유'를 나타내는 동사예요. 문장 끝에 의문 조사 '吗 ma'를 붙여서 무엇이 있는지 물어볼 수 있어요.

나 돈 있어.　　워 요우 치앤.
我有钱。
Wǒ yǒu qián.

너 중국 친구 있어?　　니 요우 쭝구어 펑요우 마?
你有中国朋友吗?
Nǐ yǒu zhōngguó péngyou ma?

2 有의 부정 没有

- '有'의 부정형인 '없다'는 '没有 méiyǒu'라고 해요. '不有 bù yǒu'라고 하지 않아요.

나 돈 없어.　　워 메이요우 치앤.
我没有钱。
Wǒ méiyǒu qián.

나 중국 친구 없어.　　워 메이요우 쭝구어 펑요우.
我没有中国朋友。
Wǒ méiyǒu zhōngguó péngyou.

'男朋友 nánpéngyou'는 사귀는 사이인 '남자 친구'를 뜻해요. 그냥 보통 친구는 '普通朋友 pǔtōng péngyou', 남자인 친구는 '男性朋友 nánxìng péngyou'라고 해요.

너 여자 친구 있어?　니 요우 뉘펑요우 마?　**你有女朋友吗?**　Nǐ yǒu nǚpéngyou ma?

나 여자 사람 친구는 있어!　워 요우 뉘씽 펑요우.　**我有女性朋友!**　Wǒ yǒu nǚxìng péngyou!

문장 익히기 3

나 니 요우 메이요우 쇼우찌?
那你有没有手机?
Nà nǐ yǒu méiyǒu shǒujī?
그러면 너 휴대폰 있어?

워 요우 쇼우찌.
我有手机。
Wǒ yǒu shǒujī.
나 휴대폰 있어.

那 nà	그러면, 그렇다면
手机 shǒujī	휴대폰
就 jiù	곧, 바로
这样 zhèyàng	이렇게
吧 ba	~하자
笔记本电脑 bǐjìběndiànnǎo	노트북
兄弟 xiōngdì	형제
姐妹 jiěmèi	자매

1 접속사 那

- '那 nà'는 '그러면', '그렇다면'이라는 뜻의 접속사로, 대화 중에 화제를 자연스럽게 이어 줄 때 하는 말이에요. '那么 nàme'라고 말해도 돼요. 2과에서 배운 '那 nà'는 '저', '저것', '그것'을 뜻하는 지시 대명사였으니, 구별하여 기억해요!

그러면 이렇게 하자.
나 찌우 쩌양 바.
那就这样吧。
Nà jiù zhèyàng ba.

저건 뭐야?
나 스 션머?
那是什么?
Nà shì shénme?

2 정반 의문문 有没有

- '有没有 yǒu méiyǒu~?'는 긍정과 부정을 붙여서 '있어? 없어?'라고 물어보는 '정반 의문문'이에요. '有 yǒu~吗 ma?'와 같은 뜻이죠. 정반 의문문으로 물을 때는 문장 끝에 의문 조사 '吗 ma'를 붙이지 않아요.

너 노트북 있어?
니 요우 메이요우 비찌번띠앤나오?
你有没有笔记本电脑?
Nǐ yǒu méiyǒu bǐjìběndiànnǎo?

너 형제자매 있어?
니 요우 메이요우 씨옹띠 지에메이?
你有没有兄弟姐妹?
Nǐ yǒu méiyǒu xiōngdì jiěmèi?

중국의 3대 통신사는 'China Mobile 移动(yídòng)', 'China Unicom 联通(liántōng)', 'China telecom 电信(diànxìn)'이에요. 휴대폰을 개통하려면 먼저 통신사를 선택한 다음, 유심 카드를 구매해야 해요. 우리나라의 휴대폰 요금은 주로 후불제지만, 중국은 대부분 선불제로, 요금을 먼저 충전한 후 사용해요.

문장 익히기

> 니 더 쇼우찌 하오마 스 뚜어샤오?
> **你的手机号码是多少?**
> Nǐ de shǒujī hàomǎ shì duōshao?
> 너 휴대폰 번호는 몇 번이야?
>
> 야오 싼 우 빠 빠 리우 치 우 우 얼 지우.
> **13588675529。**
> Yāo sān wǔ bā bā liù qī wǔ wǔ èr jiǔ.
> 13588675529야.

号码 hàomǎ 번호
多少 duōshao 얼마, 몇
房间 fángjiān 방
微信号 wēixìnhào 위챗 아이디
传真 chuánzhēn 팩스

1 의문사 多少

- '多少 duōshao'는 '얼마', '몇'이라는 뜻으로, 10 이상의 수나 번호 등을 물어보는 의문 대명사예요. 의문사가 있을 때는 의문 조사 '吗 ma'를 붙이지 않는다는 것 잊지 마세요.

방 번호는 몇 번이야?
팡지앤 하오마 스 뚜어샤오?
房间号码是多少?
Fángjiān hàomǎ shì duōshao?

위챗 아이디는 몇 번이야?
웨이씬하오 스 뚜어샤오?
微信号是多少?
Wēixìnhào shì duōshao?

2 번호 말하기

- 번호를 말할 때는 숫자를 하나하나 따로 말해요. 이때 기억해야 할 것은 숫자 '1'을 'yī'가 아닌 'yāo'로 말해야 한다는 거예요. '7 qī'와 헷갈리기 쉽기 때문이죠. 그리고 '0'은 'líng'이라고 말하면 돼요.

010-1234-5678이야.
링 야오 링 야오 얼 싼 쓰 우 리우 치 빠.
010-1234-5678。
líng yāo líng yāo èr sān sì wǔ liù qī bā.

팩스번호는 01-98765432입니다.
추안쩐 하오마 스 링 야오 지우 빠 치 리우 우 쓰 싼 얼.
传真号码是 01-98765432。
Chuánzhēn hàomǎ shì líng yāo jiǔ bā qī liù wǔ sì sān èr.

중국의 휴대폰 번호는 135, 136, 137, 138, 139 등으로 시작하는데, 이 세 자리는 통신사 번호예요. 뒷번호는 휴대폰을 개통하면서 정하는데, 중국인들이 좋아하는 숫자인 '8', '6'이 들어가거나 단순하고 좋은 번호는 더 비싼 돈을 줘야 하죠. '위챗 WeChat(微信 wēixìn)'은 우리나라의 '카톡'과 같은 모바일 메신저예요.

문장 익히기 5

나 워 이호우 게이 니 다 띠앤후아.
那我以后给你打电话。
Nà wǒ yǐhòu gěi nǐ dǎ diànhuà.
그러면 내가 나중에 너한테 전화할게.

하오 아.
好啊。
Hǎo a.
좋아.

以后 yǐhòu 이후
给 gěi ~에게, ~을 주다
打 dǎ (전화를) 걸다
电话 diànhuà 전화
啊 a 문장 끝에서 감탄을 나타냄
说 shuō 말하다
发 fā 보내다
短信 duǎnxìn 문자
电子邮件 diànzǐyóujiàn 이메일
筷子 kuàizi 젓가락

1 전치사·동사 给

- '以后 yǐyòu'는 '이후', '다음에', '나중에'라는 뜻이에요.

나중에 다시 얘기하자!
이호우 짜이 슈어 바!
以后再说吧!
Yǐhòu zài shuō ba!

- '给 gěi'는 전치사로 '~에게'라는 뜻이고, '给 gěi+대상+동사'는 '~에게 ~하다'라는 표현이에요. 동사 '打 dǎ'의 기본 뜻은 '(손으로) 치다'인데, 전화를 걸 때 손가락으로 탁탁 쳐서 걸기 때문에 '(전화를) 걸다'라는 뜻도 있어요.

내가 너한테 문자 보낼게!
워 게이 니 파 두안씬!
我给你发短信!
Wǒ gěi nǐ fā duǎnxìn!

선생님 저한테 이메일 보내 주세요.
라오스 게이 워 파 띠앤즈요우찌앤.
老师给我发电子邮件。
Lǎoshī gěi wǒ fā diànzǐyóujiàn.

- '给 gěi'가 동사일 때는 '(~에게) ~을 주다'라는 뜻이에요. 이중 목적어를 가질 수 있어요.

내가 너한테 줄게.
워 게이 니.
我给你。
Wǒ gěi nǐ.

나한테 젓가락을 줘.
게이 워 콰이즈.
给我筷子。
Gěi wǒ kuàizi.

문장 끝에 붙이는 '啊 a'는 상황에 따라 감탄이나 긍정, 의문 등 다양한 분위기를 나타내 주는 말이에요. '好。Hǎo.'는 '좋다'라는 뜻이죠? 여기에 '啊'를 붙이면 말투가 훨씬 부드러워져요.

핵심 패턴 연습하기 음원 듣기 5-2

▶ 빈칸에 다양한 표현을 넣어 큰 소리로 연습해 보세요.

상대방을 칭찬할 때

今天你真 _____.
Jīntiān nǐ zhēn

- 帅 shuài 멋지다
- 好看 hǎokàn 예쁘다
- 美丽 měilì 아름답다
- 可爱 kě'ài 귀엽다
- 聪明 cōngming 똑똑하다

~가 있는지 물을 때

你有 _____ 吗?
Nǐ yǒu ma?

- 票 piào 표
- 词典 cídiǎn 사전
- 地图 dìtú 지도
- 雨伞 yǔsǎn 우산
- 哥哥 gēge 형, 오빠

뿜뿜 대화 체험하기

➡ 우리말 대본을 참고하여, 아래 영상에서 소리가 빈 부분을 중국어로 말해 보세요.

남자 친구가 있는지 묻다

왕후이: 유나야, 오늘 너 정말 예쁘다!

유나: 그래? 고마워! 너도 멋있어!

왕후이: 너 남자 친구 있어?

유나: 나 남자 친구 없어.

왕후이: 그러면 너 휴대폰 있어?

유나: 나 휴대폰 있어.

왕후이: 너 휴대폰 번호는 몇 번이야?

유나: 13588675529야.

왕후이: 그러면 내가 나중에 너한테 전화할게.

유나: 좋아.

쓱쓱 문장 만들기

1. 우리말 대화를 보고, 중국어 문장을 완성해 보세요.

    1) A: 너 남자 친구 있어?

       你_____吗?

       B: 나 남자 친구 없어.

       我_____。

    2) A: 너 휴대폰 있어?

       你_____手机?

       B: 나 휴대폰 있어.

       我_____。

2. 주어진 단어를 이용하여, 중국어 문장을 만들어 보세요.

    1) 오늘 너 정말 예쁘다!

       漂亮 / 你 / 真 / 今天
       piàoliang   nǐ   zhēn   jīntiān

       ➡ _____

    2) 너 휴대폰 번호는 몇 번이야?

       你 / 多少 / 手机号码 / 是 / 的
       nǐ   duōshao   shǒujī hàomǎ   shì   de

       ➡ _____

    3) 그러면 내가 나중에 너한테 전화할게.

       打 / 以后 / 给 / 那 / 你 / 我 / 电话
       dǎ   yǐhòu   gěi   nà   nǐ   wǒ   diànhuà

       ➡ _____

정답 1. 1) A: 有男朋友 B: 没有男朋友 2) A: 有没有 B: 有手机
   2. 1) 今天你真漂亮! 2) 你的手机号码是多少? 3) 那我以后给你打电话。

알아 두면 꿀 떨어지는 꿀 표현

키를 묻고 답하는 표현을 알아볼까요?
미터는 '米 mǐ'라고 하고, 센티미터 단위는 숫자를 하나하나 말해요.
끝자리 숫자가 0일 때는 '0'을 생략해요.

너는 키가 몇이야?
니 뚜어 까오?
你多高?
Nǐ duō gāo?

1미터 65야.
이 미 리우우.
一米六五。
Yì mǐ liùwǔ.

1미터 80이야.
이 미 빠.
一米八。
Yì mǐ bā.

高 gāo 높다
米 mǐ 미터
重 zhòng 무겁다
百 bǎi 백, 100

몸무게를 묻고 답하는 표현도 알아 두세요.
몸무게를 말할 때는 우리나라처럼 킬로그램(公斤 gōngjīn)으로 말하기도 하고,
근(斤 jīn)으로 말하기도 해요. (1斤=500그램)

너는 몸무게가 몇이야?
니 뚜어 쫑?
你多重?
Nǐ duō zhòng?

50킬로그램이야.
우스 꽁찐.
五十公斤。
Wǔshí gōngjīn.

이바이 찐.
一百斤。
Yì bǎi jīn.

전화로 뭐 하는지 묻다

상황 관찰하기

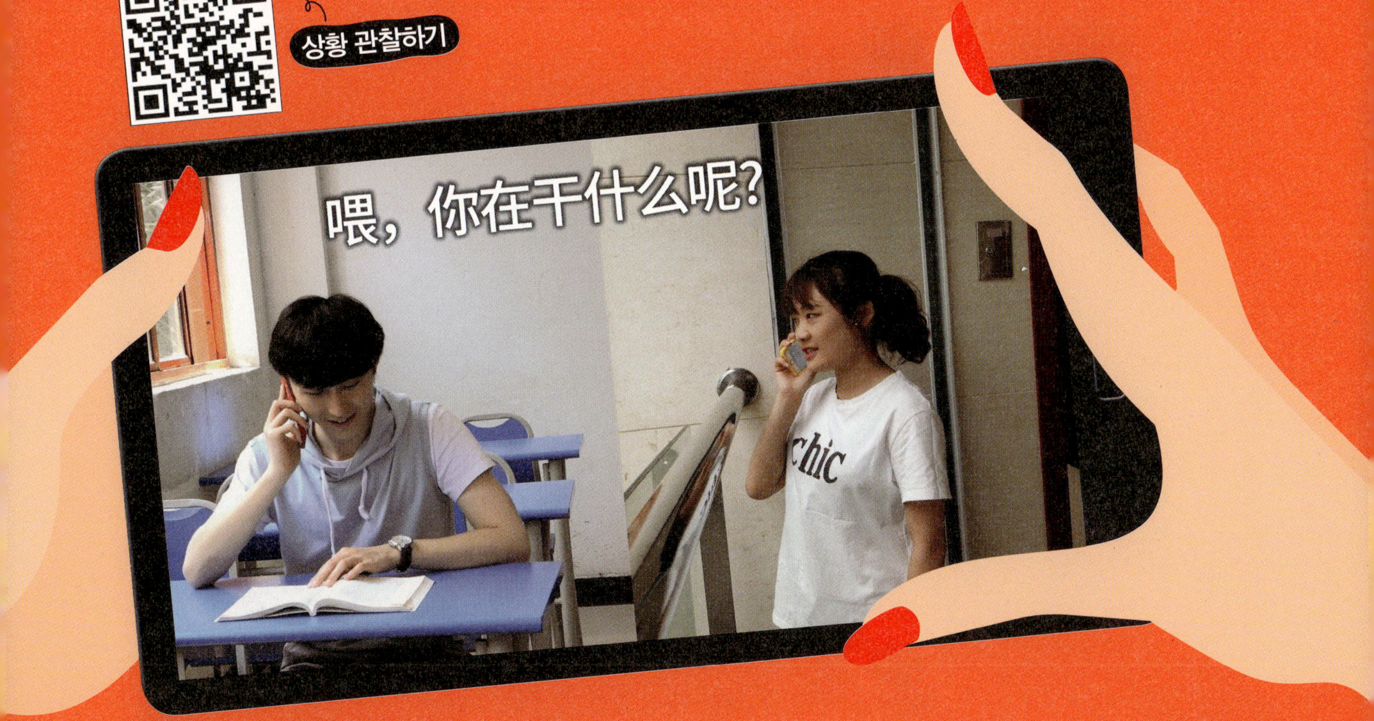

喂，你在干什么呢?

상황 왕후이가 유나에게 전화를 걸어 같이 밥 먹자고 합니다.

등장인물   왕후이 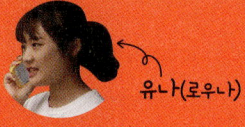 유나(로우나)

강의 보기

대화 내용 확인하기 음원 듣기 6-1

→ MP3 음원을 들으며 대화 내용과 발음을 확인해 보세요.

웨이, 니 짜이 깐 션머 너?
喂，你在干什么呢?

워 짜이 쉬에시 너.
我在学习呢。

니 츠 판 러 마?
你吃饭了吗?

워 하이 메이 츠 판.
我还没吃饭。

워먼 이치 츠 판 바!
我们一起吃饭吧!

하오! 니 짜이 날?
好! 你在哪儿?

워 짜이 쉬에씨아오.
我在学校。

워먼 지 디앤 찌앤?
我们几点见?

스얼 디앤 빤, 전머양?
12点半, 怎么样?

하오! 나 워먼 이후얼 짜이 쉬에씨아오 먼코우 찌앤!
好! 那我们一会儿在学校门口见!

문장 익히기 1

 웨이, 니 짜이 깐 션머 너?
喂，你在干什么呢?
Wéi, nǐ zài gàn shénme ne?
여보세요, 너 뭐 하고 있어?

 워 짜이 쉬에시 너.
我在学习呢。
Wǒ zài xuéxí ne.
나 공부하고 있어.

喂 wéi	여보세요
在 zài	~하고 있다
干 gàn	하다
学习 xuéxí	공부하다
请问 qǐngwèn	실례합니다
化妆 huàzhuāng	화장하다
上课 shàngkè	수업하다
外面 wàimiàn	밖, 바깥
正在 zhèngzài	지금 ~하고 있다
下雨 xiàyǔ	비가 오다

1 여보세요

- '喂 wéi'는 전화할 때 '여보세요'라고 하는 말이에요. '喂'를 4성 'wèi'로 발음하면 '저기요!' 하고 사람을 부르는 말이 돼요.

여보세요, 실례지만, 왕 선생님 계신가요?

웨이, 칭원, 왕 라오스 짜이 마?
喂, 请问, 王老师在吗?
Wéi, qǐngwèn, Wáng lǎoshī zài ma?

그녀는 안 계세요.

타 부 짜이.
她不在。
Tā bú zài.

2 동작의 진행

- '在 zài+동사+(呢 ne)'는 동작의 진행을 나타내는 표현이에요. 이때 '在'는 '~하고 있다'라는 의미의 부사로 쓰여 동사 앞에 오고, 문장 끝에 조사 '呢 ne'를 붙이면 자연스러운 느낌을 주는데, 생략해도 돼요. '干什么? gàn shénme?'는 '뭐 해?'라는 뜻이므로, '你在干什么呢? Nǐ zài gàn shénme ne?'는 '너 뭐 하고 있어?'라는 말이에요.

나 화장하고 있어.

워 짜이 후아주앙 너.
我在化妆呢。
Wǒ zài huàzhuāng ne.

그는 수업하고 있어.

타 짜이 샹커 너.
他在上课呢。
Tā zài shàngkè ne.

'한창 ~하고 있어'라고 진행을 강조할 때는 '正在 zhèngzài+동사+(呢 ne)'라고 표현해요.

밖에 비 오고 있어.

와이미앤 쩡짜이 씨아위 너.
外面正在下雨呢。
Wàimiàn zhèngzài xiàyǔ ne.

문장 익히기 ❷

니 츠 판 러 마?
你吃饭了吗?
Nǐ chī fàn le ma?
너 밥 먹었어?

워 하이 메이 츠 판.
我还没吃饭。
Wǒ hái méi chī fàn.
나 아직 밥 안 먹었어.

吃 chī 먹다
饭 fàn 밥
了 le ~했다
还 hái 아직
没 méi ~하지 않았다
作业 zuòyè 숙제
医院 yīyuàn 병원
睡觉 shuìjiào 자다
天冷 tiānlěng 날씨가 춥다
冬天 dōngtiān 겨울

1 조사 了

- '了 le'는 동사 뒤에 붙어서 어떤 동작이 이미 발생했음(완료)을 나타내는 조사예요. 우리말로 '~했다'라고 해석하죠. 동사 뒤에 간단한 목적어가 있을 때는 그 뒤에 '了'를 붙여요. '吃饭了。chī fàn le.'는 '밥을 먹었다.'라는 뜻이에요. 의문문을 만들 때는 문장 끝에 의문 조사 '吗 ma'를 붙여 주면 돼요.

엄마는 회사에 가셨어.
마마 취 꽁쓰 러.
妈妈去公司了。
Māma qù gōngsī le.

너 숙제 했어?
니 쭈어 쭈어이에 러 마?
你做作业了吗?
Nǐ zuò zuòyè le ma?

2 了의 부정형

- '了 le(~했다)'의 부정형은 '没(有) méi(yǒu)+동사'이며, 끝에 '了 le'를 붙이지 않아요. 부사 '还 hái'를 넣어 '还没(有) hái méi(yǒu)+동사'를 쓰면 '아직 ~하지 않았다'라는 표현이에요.

나 병원에 안 갔어.
워 메이 취 이위앤.
我没去医院。
Wǒ méi qù yīyuàn.

나 아직 안 잤어.
워 하이 메이 슈이찌아오.
我还没睡觉。
Wǒ hái méi shuìjiào.

'了 le'는 문장 끝에 쓰여 상황에 변화가 생겼음을 나타내기도 해요. 이때는 동사뿐 아니라 명사나 형용사에도 붙일 수 있어요.

날씨가 추워졌어요. 겨울이네요!
티앤 렁 러.   똥티앤 러!
天冷了。冬天了!
Tiān lěng le. Dōngtiān le!

문장 익히기 3

워먼 이치 츠 판 바!
我们一起吃饭吧!
Wǒmen yìqǐ chī fàn ba!
우리 같이 밥 먹자!

하오! 니 짜이 날?
好! 你在哪儿?
Hǎo! Nǐ zài nǎr?
좋아! 너 어디야?

一起 yìqǐ   같이, 함께
吧 ba   ~하자, ~해라
图书馆 túshūguǎn   도서관
先 xiān   먼저
咱们 zánmen   우리
打 dǎ   (운동을) 하다
篮球 lánqiú   농구

1 조사 吧 ①

- '吧 ba'는 청유나 권유를 나타내는 말로, 문장 끝에 오는 조사예요. 우리말로 '~하자' 또는 '~해라'라는 뜻이에요.

우리 같이 도서관에 가자.
워먼 이치 취 투슈구안 바.
我们一起去图书馆吧。
Wǒmen yìqǐ qù túshūguǎn ba.

너 먼저 가라.
니 씨앤 취 바.
你先去吧。
Nǐ xiān qù ba.

2 어디야?

- '在哪儿? zài nǎr?'은 '어디에 있어?'라는 뜻으로, 이때 '在 zài'는 동사 '~에 있다'라는 의미예요.

아하!

- '우리'라는 뜻의 단어로는 '我们 wǒmen'과 '咱们 zánmen'이 있는데요. 둘의 뜻은 같지만, 쓰임이 조금 달라요. '咱们 zánmen'은 반드시 듣는 사람을 포함한 '우리'이고, '我们 wǒmen'은 상황에 따라 듣는 사람을 포함할 수도 있고, 포함하지 않을 수도 있어요. 헷갈릴 때는 모든 상황에 쓸 수 있는 '我们 wǒmen'으로 말하면 되겠죠?

우리는 농구하러 가는데, 너는?
워먼 취 다 란치우, 니 너?
我们去打篮球, 你呢? (○)
Wǒmen qù dǎ lánqiú, nǐ ne?

잔먼 취 다 란치우, 니 너?
咱们去打篮球, 你呢? (✕)
Zánmen qù dǎ lánqiú, nǐ ne?

- '一'의 원래 발음은 'yī'지만, '一+1성/2성/3성'일 때는 '一'가 'yì(4성)'로 바뀌고, '一+4성/경성'일 때는 '一'가 'yí(2성)'로 바뀌어요. 그리고 성조도 바뀐 것으로 표기해야 한다는 것 기억하세요! 예 一起 → yìqǐ

문장 익히기 4

워 짜이 쉬에씨아오.
我在学校。
Wǒ zài xuéxiào.
나 학교야.

워먼 지 디앤 찌앤?
我们几点见?
Wǒmen jǐ diǎn jiàn?
우리 몇 시에 만날까?

点 diǎn 시
办公室 bàngōngshì 사무실
下课 xiàkè 수업을 마치다
工作 gōngzuò 일하다

1 동사 在

- '在 zài'가 동사일 때는 '在 zài+장소'의 형태로 쓰이고 '~에 있다'라는 뜻이에요.

나 사무실에 있어.
워 짜이 빤꽁스.
我在办公室。
Wǒ zài bàngōngshì.

2 시간을 묻는 표현

- '几 jǐ'는 '몇'이라는 뜻으로 10 이하의 수를 물어보는 말이고, '点 diǎn'은 시간(시)을 나타내는 말이에요. 시간을 물어볼 때는 '几点? jǐ diǎn?'이라고 물어봐요.

지금 몇 시예요?
씨앤짜이 지 디앤?
现在几点?
Xiànzài jǐ diǎn?

- '几点 jǐ diǎn+동사?'는 '몇 시에 ~해요?'라고 물어보는 말이에요.

너 몇 시에 수업 끝나?
니 지 디앤 씨아커?
你几点下课?
Nǐ jǐ diǎn xiàkè?

나 네 시에 수업 끝나.
워 쓰 디앤 씨아커.
我四点下课。
Wǒ sì diǎn xiàkè.

- '在 zài'가 전치사일 때는 '在+장소+동사'의 형태로 쓰이고, '~에(서) ~하고 있다'라는 뜻이에요.
  나 사무실에서 일해.
  워 짜이 빤꽁스 꽁쭈어.
  我在办公室工作。
  Wǒ zài bàngōngshì gōngzuò.

- '在 zài'가 부사일 때는 '在+동사'의 형태로 쓰이고, '~하고 있다'라는 뜻이에요.
  나 일하고 있어.
  워 짜이 꽁쭈어.
  我在工作。
  Wǒ zài gōngzuò.

문장 익히기 5

스얼 디앤 빤, 전머양?
12点半, 怎么样?
Shí'èr diǎn bàn, zěnmeyàng?
12시 반, 어때?

하오! 나 워먼 이후얼 짜이 쉬에씨아오 먼코우 찌앤!
好! 那我们一会儿在学校门口见!
Hǎo! Nà wǒmen yíhuìr zài xuéxiào ménkǒu jiàn!
좋아! 그럼 우리 이따가 학교 입구에서 만나!

半 bàn 반, 30분
怎么样 zěnmeyàng 어떠하냐
一会儿 yíhuìr 짧은 시간, 이따가
门口 ménkǒu 입구
两 liǎng 둘
分 fēn 분
刻 kè 15분
差 chà 모자라다, 부족하다
零 líng 0

1 시간 말하기

- 시간을 말할 때는 '点 diǎn' 앞에 숫자를 넣어 줘요. 12시는 '十二点 shí'èr diǎn'이에요. 주의해야 할 것은 '두 시'가 '二点 èr diǎn'이 아니라 '两点 liǎng diǎn'이라는 것이에요.

씨앤짜이 리양 디앤.
지금 두 시야. **现在两点。**
Xiànzài liǎng diǎn.

- '분'은 '分 fēn'이라고 하며, '半 bàn'은 우리말로 '반(30분)'이에요.

싼 디앤스 펀.
3시 10분이야. **三点十分。**
Sān diǎn shí fēn.

리우 디앤 빤.
6시 반이야. **六点半。**
Liù diǎn bàn.

- '刻 kè'는 '15분'을 나타내는 개념으로, '15분'을 '一刻 yíkè', '45분'을 '三刻 sānkè'라고 해요. 또, '몇 시 몇 분 전'이라는 표현은 '모자라다'라는 뜻의 동사 '差 chà'를 써서 '差 chà(모자라다)+分 fēn(몇 분이)+点 diǎn(몇 시에서)'이라고 표현해요.

우 디앤 이 커.
5시 15분이야. **五点一刻。**
Wǔ diǎn yí kè.

차 스 펀 스이 디앤.
11시 10분 전이야. **差十分十一点。**
Chà shí fēn shíyī diǎn.

아하!
- 나이·시간·날짜 등을 말하는 표현은 명사가 그대로 서술어가 되는 '명사 술어문'이므로, 동사 '是 shì(~이다)'를 붙이지 않아요.
- 10분 이내의 분 단위를 말할 때는 '0 líng'을 붙여서 말해요. '8시 5분'은 '八点零五分. Bā diǎn líng wǔ fēn.'이라고 해요.

핵심 패턴 연습하기 음원 듣기 6-2

→ 빈칸에 다양한 표현을 넣어 큰 소리로 연습해 보세요.

뿜뿜 대화 체험하기

➜ 우리말 대본을 참고하여, 아래 영상에서 소리가 빈 부분을 중국어로 말해 보세요.

전화로 뭐 하는지 묻다

왕후이: 여보세요, 너 뭐 하고 있어?
유나: 나 공부하고 있어.
왕후이: 너 밥 먹었어?
유나: 나 아직 밥 안 먹었어.
왕후이: 우리 같이 밥 먹자!
유나: 좋아! 너 어디야?
왕후이: 나 학교야.
유나: 우리 몇 시에 만날까?
왕후이: 12시 반, 어때?
유나: 좋아! 그럼 우리 이따가 학교 입구에서 만나!

쓱쓱 문장 만들기

1. 우리말 대화를 보고, 중국어 문장을 완성해 보세요.

    1) A: 여보세요, 너 뭐 하고 있어?

    喂，你_____呢?

    B: 나 공부하고 있어.

    我_____呢。

    2) A: 너 밥 먹었어?

    你_____吗?

    B: 나 아직 밥 안 먹었어.

    我_____。

2. 주어진 단어를 이용하여, 중국어 문장을 만들어 보세요.

    1) 우리 같이 밥 먹자!

    我们 / 吃饭 / 吧 / 一起
    wǒmen / chī fàn / ba / yìqǐ

    ➡ _____

    2) 우리 몇 시에 만날까?

    见 / 我们 / 几点
    jiàn / wǒmen / jǐ diǎn

    ➡ _____

    3) 그럼 우리 이따가 학교 입구에서 만나!

    在 / 一会儿 / 见 / 那 / 我们 / 学校门口
    zài / yíhuìr / jiàn / nà / wǒmen / xuéxiào ménkǒu

    ➡ _____

정답 1. 1) A: 在干什么 B: 在学习 2) A: 吃饭了 B: 还没吃饭
2. 1) 我们一起吃饭吧! 2) 我们几点见? 3) 那我们一会儿在学校门口见!

 알아 두면 꿀 떨어지는 꿀 표현

시간대별로 하루 일과를 말해 보세요.

너는 몇 시에 일어나? 니 지 디앤 치추앙?
你几点起床?
Nǐ jǐ diǎn qǐchuáng?

나는 7시에 일어나. 워 치 디앤 치추앙.
我七点起床。
Wǒ qī diǎn qǐchuáng.

일어나다
起床 qǐchuáng

세수하다
洗脸 xǐliǎn

양치하다
刷牙 shuāyá

머리 감다
洗头发 xǐ tóufa

아침밥 먹다
吃早饭 chī zǎofàn

출근하다
上班 shàngbān

등교하다
上学 shàngxué

점심밥 먹다
吃午饭 chī wǔfàn

퇴근하다
下班 xiàbān

하교하다
放学 fàngxué

저녁밥 먹다
吃晚饭 chī wǎnfàn

학원에 가다
去补习班 qù bǔxíbān

운동하다
运动 yùndòng

샤워하다
洗澡 xǐzǎo

잠자다
睡觉 shuìjiào

07

식당에서 음식을 주문하다

상황 관찰하기

来两份羊肉火锅。

상황 왕후이와 유나가 훠궈를 먹으러 식당에 갑니다.

등장인물 왕후이 유나(로우나)  종업원

강의 보기

대화 내용 확인하기 음원 듣기 7-1

> MP3 음원을 들으며 대화 내용과 발음을 확인해 보세요.

뚜이부치. 워 라이완 러!
对不起。我来晚了!

메이 꽌시!
没关系!

니 시앙 츠 션머?
你想吃什么?

워 시앙 츠 후어구어!
我想吃火锅!

〈훠궈 식당에서〉

후안잉꾸앙린! 칭원, 지 웨이?
欢迎光临! 请问, 几位?

리양 거 런!
两个人!

칭원, 씨앤짜이 디앤 차이 마?
请问, 现在点菜吗?

스 더, 라이 리양 펀 양로우 후어구어.
是的, 来两份羊肉火锅。

닌 야오 라 더 하이스 부 라 더?
您要辣的还是不辣的?

이빤 라 더 이빤 부 라 더.
一半辣的一半不辣的。

문장 익히기 1

뚜이부치.　워 라이완 러!
对不起。我来晚了!
Duìbuqǐ. Wǒ láiwǎn le!
미안해. 내가 늦게 왔어!

메이 꽌시!
没关系!
Méi guānxi!
괜찮아!

对不起 duìbuqǐ　미안합니다
来 lái　오다
晚 wǎn　늦다
没关系 méi guānxi　괜찮다
饱 bǎo　배부르다
不好意思 bùhǎoyìsi　미안하다
座位 zuòwèi　자리
抱歉 bàoqiàn　죄송하다
没事儿 méi shìr　괜찮다

1 사과 표현

- '对不起。Duìbuqǐ.'는 '미안합니다.'라는 뜻으로, 가장 일반적인 사과의 표현이에요. 상대방이 미안하다고 했을 때, 대답은 '没关系。Méi guānxi.'라고 해요. '没 méi'는 '없다', '关系 guānxi'는 '관계'라는 뜻으로 '관계없다=괜찮다'라는 의미예요.

2 결과 보어

- 동사 뒤에서 보충 설명해 주는 말을 '보어'라고 해요. '늦게 왔다'를 중국어로 말할 때는 '晚来了。Wǎnlái le.'라고 하지 않고, '来晚了。Láiwǎn le.(왔는데 늦었다.)'라고 하여 동사 뒤에 결과를 나타내는 보어를 넣어 말해요. '了 le'는 동작의 완료를 나타내는 조사로, 결과 보어 뒤에 붙여 줘요. 부정형은 '没(有) méi(yǒu)+동사+결과 보어'의 형태로 말하고, 끝에 '了 le'를 붙이지 않아요.

	워 츠바오 러.
나 배부르게 먹었어.	**我吃饱了。** Wǒ chībǎo le.

	워 하이 메이 츠바오.
나 아직 배부르게 먹지 않았어.	**我还没吃饱。** Wǒ hái méi chībǎo.

'不好意思。Bùhǎoyìsi.'는 비교적 가벼운 실수를 했거나 예의상 미안하다고 할 때 쓰는 표현이에요. 만약 크게 잘못한 상황에서 진지하게 사과할 때는 '抱歉。Bàoqiàn.'이라고 해요.

	뿌하오이쓰.　쩌 거 쭈어웨이 요우 런 마?
죄송하지만, 이 자리에 사람이 있나요?	**不好意思, 这个座位有人吗?** Bùhǎoyìsi, zhè ge zuòwèi yǒu rén ma?

	쩐 빠오치앤. 메이 셜 마?
정말 죄송해요. 괜찮으세요?	**真抱歉。没事儿吗?** Zhēn bàoqiàn. Méi shìr ma?

문장 익히기 ❷

니 시앙 츠 션머?
你想吃什么?
Nǐ xiǎng chī shénme?
너 뭐 먹고 싶어?

워 시앙 츠 후어구어!
我想吃火锅!
Wǒ xiǎng chī huǒguō!
나 훠궈 먹고 싶어!

想 xiǎng 하고 싶다, 생각하다
火锅 huǒguō 중국식 샤부샤부
旅游 lǚyóu 여행하다
烤鸭 kǎoyā 오리구이
到底 dàodǐ 도대체

1 조동사 想

- '想 xiǎng'은 '~하고 싶다'라는 뜻의 조동사로, '想' 뒤에는 동사가 와요. 바라는 것을 말할 때 쓰는 표현이에요.

나 여행 가고 싶어. **워 시앙 취 뤼요우.**
我想去旅游。
Wǒ xiǎng qù lǚyóu.

- 의문문은 문장 끝에 의문 조사 '吗 ma'를 붙이거나 의문 대명사로 물어봐요. 정반 의문문으로 물을 때는 '想不想~? xiǎng bu xiǎng~?'이라고 물으면 돼요. '想'의 부정형은 '不想 bù xiǎng'이고, '~하고 싶지 않다'라는 뜻이에요.

너 어디로 가고 싶어? **니 시앙 취 날?**
你想去哪儿?
Nǐ xiǎng qù nǎr?

너 오리구이 먹고 싶어? **니 시앙 츠 카오야 마?** **니 시앙 부 시앙 츠 카오야?**
你想吃烤鸭吗? **你想不想吃烤鸭?**
Nǐ xiǎng chī kǎoyā ma? Nǐ xiǎng bu xiǎng chī kǎoyā?

나 오리구이 먹고 싶지 않아. **워 뿌 시앙 츠 카오야.**
我不想吃烤鸭。
Wǒ bù xiǎng chī kǎoyā.

'想 xiǎng'이 동사로 쓰일 때는 '생각하다', '그리워하다'라는 뜻이에요. 뒤에는 목적어가 와요.

난 널 그리워해. **워 시앙 니.** **我想你。** Wǒ xiǎng nǐ.

넌 도대체 무슨 생각해? **니 따오디 짜이 시앙 션머?** **你到底在想什么?** Nǐ dàodǐ zài xiǎng shénme?

문장 익히기 ❸

후안잉꾸앙린! 칭원, 지 웨이?
欢迎光临! 请问, 几位?
Huānyíngguānglín! Qǐngwèn, jǐ wèi?
어서 오세요! 실례지만, 몇 분이세요?

리양 거 런!
两个人!
Liǎng ge rén!
두 명이요!

欢迎光临 huānyíngguānglín	어서 오세요
位 wèi	분, 명(단위)
个 ge	명, 개(단위)
进 jìn	들어오다, 들어가다
坐 zuò	앉다
茶 chá	차
本 běn	권(단위)
书 shū	책

1 어서 오세요!

- '欢迎 huānyíng'은 '환영하다', '光临 guānglín'은 '광림하다(남이 찾아온 것을 높이는 말)'라는 뜻이에요.

  중국에 오신 걸 환영해요! 후안잉 라이 쫑구어!
  欢迎来中国!
  Huānyíng lái Zhōngguó!

2 실례합니다

- '请问 Qǐngwèn'은 '말씀 좀 여쭙겠습니다'라는 뜻으로, 영어의 'Excuse me'처럼 '실례합니다'라는 표현이에요. '请 qǐng'은 '청하다'라는 뜻으로, 동사 앞에 붙어서 '~해 주세요'라는 청유의 의미를 나타내요.

  들어오세요. 앉으세요. 차 드세요. 칭 찐. 칭 쭈어. 칭 허 차.
  请进。请坐。请喝茶。
  Qǐng jìn. Qǐng zuò. Qǐng hē chá.

3 양사(사람이나 사물을 세는 단위) 个

- '个 ge'는 사람이나 사물을 세는 가장 일반적인 양사로, '~명' 또는 '~개'라고 풀이해요. '两个人! Liǎng ge rén!'은 '두 (명의) 사람이요!'라는 뜻이에요. 우리말은 '명사+수사+양사' 순으로 말하지만, 중국어는 '수사+양사+명사' 순으로 말해요.

  나한테 책 두 권이 있어. 워 요우 리양 번 슈.
  我有两本书。
  Wǒ yǒu liǎng běn shū.

> **아하!**
> '두 사람'을 우리말에서도 '이 명'이라고 하지 않죠? '두 명'은 '二个 èr ge'가 아닌 '两个 liǎng ge'라고 해요. 오직 '둘(2)'일 때만 '两'을 써요. '열두 명'은 '十二个人 shí'èr ge rén'이에요.

문장 익히기 ④

 칭원,　씨앤짜이 디앤 차이 마?
请问，现在点菜吗？
Qǐngwèn, xiànzài diǎncài ma?
실례합니다, 지금 주문하시겠습니까?

 스 더,　라이 리양 펀 양로우 후어구어.
是的，来两份羊肉火锅。
Shì de, lái liǎng fèn yángròu huǒguō.
네, 양고기 훠궈 2인분 주세요.

点菜 diǎncài　요리를 주문하다
份 fèn　인분(단위)
羊肉 yángròu　양고기
要 yào　~하려고 하다
预订 yùdìng　예약하다
碗 wǎn　공기, 사발(단위)
米饭 mǐfàn　(쌀)밥
服务员 fúwùyuán　종업원
菜单 càidān　메뉴판
餐巾纸 cānjīnzhǐ　냅킨

1 주문받기

- '点 diǎn'은 '주문하다', '菜 cài'는 '요리'라는 뜻이에요. '现在点菜吗? Xiànzài diǎncài ma?'는 종업원이 주문을 받을 때 묻는 표현이죠. 다른 표현도 알아볼까요?

실례합니다, 어떤 걸로 주문하시겠습니까?
칭원,　닌 야오 디앤 션머?
请问，您要点什么？
Qǐngwèn, Nín yào diǎn shénme?

2 주문하기

- '是的。Shì de.'에서 '是 shì'는 '네'라고 대답하는 말이고, '的 de'는 긍정·확신을 나타내는 조사로 쓰였어요. 강조하는 느낌을 준다고 이해하면 돼요. '来 lái'의 기본 뜻은 '오다'지만, 음식을 주문할 때는 '주세요'라는 의미예요.

예약하셨나요?
닌 위띵 러 마?
您预订了吗？
Nín yùdìng le ma?

네!
스 더!
是的!
Shì de!

밥 두 공기 주세요.
라이 리양 완 미판.
来两碗米饭。
Lái liǎng wǎn mǐfàn.

종업원을 부를 때 우리나라에서는 주로 '여기요!'라고 하지만, 중국에서는 '종업원!'이라고 불러요.

종업원! 메뉴판 주세요.
푸우위앤!　칭 게이 워 차이딴.
服务员! 请给我菜单。
Fúwùyuán! Qǐng gěi wǒ càidān.

종업원! 냅킨 주세요.
푸우위앤!　칭 게이 워 찬찐즈!
服务员! 请给我餐巾纸。
Fúwùyuán! Qǐng gěi wǒ cānjīnzhǐ.

문장 익히기 5

닌 야오 라 더 하이스 부 라 더?
您要辣的还是不辣的?
Nín yào là de háishi bú là de?
매운 걸로 드릴까요, 아니면 안 매운 걸로 드릴까요?

이빤 라 더 이빤 부 라 더.
一半辣的一半不辣的。
Yíbàn là de yíbàn bú là de.
반은 매운 것, 반은 안 매운 것이요.

要 yào 필요하다, 원하다
辣 là 맵다
还是 háishi ~아니면
一半 yíbàn 절반
还 hái 또, 더, 그리고
别的 biéde 다른 것
瓶 píng 병(단위)
可乐 kělè 콜라
热 rè 뜨겁다
冰 bīng 얼음, 차갑다

1 동사 要

- 동사 '要 yào'는 '필요하다', '원하다'라는 의미인데, 음식을 주문할 때도 써요.

또 다른 것 필요하신가요?
하이 야오 비에더 마?
还要别的吗?
Hái yào biéde ma?

저는 콜라 한 병 주세요.
워 야오 이 핑 커러.
我要一瓶可乐。
Wǒ yào yì píng kělè.

2 선택 의문문

- 'A+还是 háishi+B?'는 선택 의문문에 쓰이는 표현으로, 'A 아니면 B?'라고 묻는 말이에요. 문장 끝에 의문 조사 '吗 ma'를 붙이지 않아요. '辣 là'는 '맵다'라는 뜻인데, 동사나 형용사 뒤에 '的 de'를 붙이면 명사형이 돼요. 그래서 '辣的 là de'는 '매운 것', '不辣的 bú là de'는 '안 매운 것'이라는 뜻이에요.

뜨거운 걸로 드릴까요, 아니면 차가운 걸로 드릴까요?
닌 야오 러 더 하이스 삥 더?
您要热的还是冰的?
Nín yào rè de háishi bīng de?

아하!

- 훠궈를 주문할 때 탕을 선택할 수 있는데, 주로 반은 맵고 얼얼한 맛인 마라(麻辣 málà), 반은 맵지 않은 맑은 맛인 칭탕(清汤 qīngtāng)으로 선택해요. 이렇게 두 가지 맛을 볼 수 있게 나눠진 냄비를 '鸳鸯锅 yuānyāngguō'라고 하는데, 풀이하면 '원앙 냄비'라는 뜻이에요.
- '要 yào'가 조동사로 쓰일 때는 '~하려고 하다'라는 의지를 나타내며, 뒤에 동사가 와요.

나는 영화를 볼 거야.
워 야오 칸 띠앤잉.
我要看电影。
Wǒ yào kàn diànyǐng.

핵심 패턴 연습하기 음원 듣기 7-2

➔ 빈칸에 다양한 표현을 넣어 큰 소리로 연습해 보세요.

하고 싶은 것을 물을 때

你想 ___ 什么?
Nǐ xiǎng shénme?

| 做 zuò 하다 | 看 kàn 보다 | 听 tīng 듣다 |

| 喝 hē 마시다 | 买 mǎi 사다 |

먹고 싶은 것을 말할 때

我想吃 ___ 。
Wǒ xiǎng chī

| 饺子 jiǎozi 만두 | 五花肉 wǔhuāròu 삼겹살 | 北京烤鸭 Běijīng kǎoyā 북경 오리구이 |

| 炸酱面 zhájiàngmiàn 짜장면 | 汉堡包 hànbǎobāo 햄버거 |

음식을 주문할 때

来一份 _____。
Lái yí fèn

- 鱼香肉丝 yúxiāngròusī 위샹로우쓰(돼지고기볶음)
- 麻婆豆腐 mápódòufu 마파두부
- 宫爆(保)鸡丁 gōngbào(bǎo)jīdīng 꽁바오찌딩(닭고기땅콩볶음)
- 糖醋里脊 tángcùlǐjǐ 탕수육
- 炒饭 chǎofàn 볶음밥

둘 중에 선택하라고 할 때

您要 _____ 还是 _____ ?
Nín yào   háishi

- 大的 / 小的 dà de / xiǎo de 큰 것 / 작은 것
- 白的 / 黑的 bái de / hēi de 하얀 것 / 검은 것
- 贵的 / 便宜的 guì de / piányi de 비싼 것 / 싼 것
- 高的 / 矮的 gāo de / ǎi de 높은 것 / 낮은 것
- 长的 / 短的 cháng de / duǎn de 긴 것 / 짧은 것

뿜뿜 대화 체험하기

→ 우리말 대본을 참고하여, 아래 영상에서 소리가 빈 부분을 중국어로 말해 보세요.

식당에서 음식을 주문하다

유나: 미안해. 내가 늦게 왔어!

왕후이: 괜찮아!

왕후이: 너 뭐 먹고 싶어?

유나: 나 훠궈 먹고 싶어!

종업원: 어서 오세요! 실례지만, 몇 분이세요?

왕후이: 두 명이요!

종업원: 실례합니다, 지금 주문하시겠습니까?

왕후이: 네, 양고기 훠궈 2인분 주세요.

종업원: 매운 걸로 드릴까요, 아니면 안 매운 걸로 드릴까요?

왕후이: 반은 매운 것, 반은 안 매운 것이요.

쏙쏙 문장 만들기

1. 우리말 대화를 보고, 중국어 문장을 완성해 보세요.

   1) A: 미안해, 내가 늦게 왔어!

      _____ , 我_____ 了!

      B: 괜찮아!

      _____!

   2) A: 너 뭐 먹고 싶어?

      你_____?

      B: 나 훠궈 먹고 싶어!

      我_____ 火锅!

2. 주어진 단어를 이용하여, 중국어 문장을 만들어 보세요.

   1) 양고기 훠궈 2인분 주세요.

      羊肉火锅 / 两 / 份 / 来
      yángròu huǒguō liǎng fèn lái

      ➡ _____

   2) 매운 걸로 드릴까요, 아니면 안 매운 걸로 드릴까요?

      还是 / 要 / 不辣的 / 您 / 辣的
      háishi yào bú là de nín là de

      ➡ _____

   3) 반은 매운 것, 반은 안 매운 것이요.

      一半 / 不辣的 / 一半 / 辣的
      yíbàn bú là de yíbàn là de

      ➡ _____

정답 1. 1) A: 对不起, 来晚 B: 没关系 2) A: 想吃什么 B: 想吃
2. 1) 来两份羊肉火锅。 2) 您要辣的还是不辣的? 3) 一半辣的一半不辣的。

알아 두면 꿀 떨어지는 꿀 표현

중국 음식은 그 종류가 너무나 다양해서
죽을 때까지 다 먹어 보지 못하고 죽는다는 말이 있죠?
음식의 종류가 다양한 만큼 우리나라 사람의 입맛에 잘 맞지 않는 음식도 많은데요.
지금 소개할 요리는 한국인의 입맛에 딱 맞는 요리들이에요.

宫爆(保)鸡丁
gōngbào(bǎo)jīdīng

닭고기, 야채, 땅콩 등을
넣어 볶은 요리

鱼香肉丝
yúxiāngròusī

채 썬 돼지고기와 야채를
볶은 요리

京酱肉丝
jīngjiàngròusī

채 썬 돼지고기를 춘장에 볶아
전병에 싸 먹는 요리

糖醋里脊
tángcùlǐjǐ

중국식 탕수육

锅包肉
guōbāoròu

중국식 찹쌀 탕수육

麻婆豆腐
mápódòufu

마파두부

地三鲜
dìsānxiān

가지, 감자, 피망을 볶은 요리

西红柿炒鸡蛋
xīhóngshìchǎojīdàn

토마토와 달걀을
볶은 요리

烤鸭
kǎoyā

오리구이

麻辣龙虾
málàlóngxiā

맵고 얼얼한 미니 랍스터

    체면을 중시하는 중국인들은 요리를 시킬 때 풍성하게 시키고 음식을 남기는 문화가 있어요. 손님이 음식을 다 먹으면 대접하는 사람 입장에서 너무 부족하게 대접했나 생각할 수 있기 때문이라고 하는데요. 음식을 남기지 않고 다 먹어야 예의라고 생각하는 우리나라와 다른 문화죠?

    중국 식당에서는 요리와 밥, 탕 종류를 시키면 '차가운 요리(凉菜) - 따뜻한 요리(热菜) - 탕(汤类) - 주식(主食)' 순으로 나옵니다. 중국인들은 먼저 요리를 천천히 즐기다가 나중에 주식(밥, 만토우, 면 종류)을 먹는데요. 맛있는 요리와 밥을 함께 먹고 싶다면 '先上米饭! Xiān shàng mǐfàn!(밥 먼저 올려 주세요!)'이라고 외치세요.

08

좋아하는 것을 묻다

상황 관찰하기

你喜欢吃中国菜吗?

상황 왕후이가 유나에게 중국 요리를 좋아하는지, 만들 수 있는지 물어봅니다.

등장인물 왕후이  / 유나(로우나)

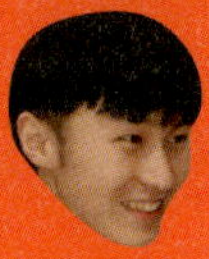

강의 보기

대화 내용 확인하기 음원 듣기 8-1

▶ MP3 음원을 들으며 대화 내용과 발음을 확인해 보세요.

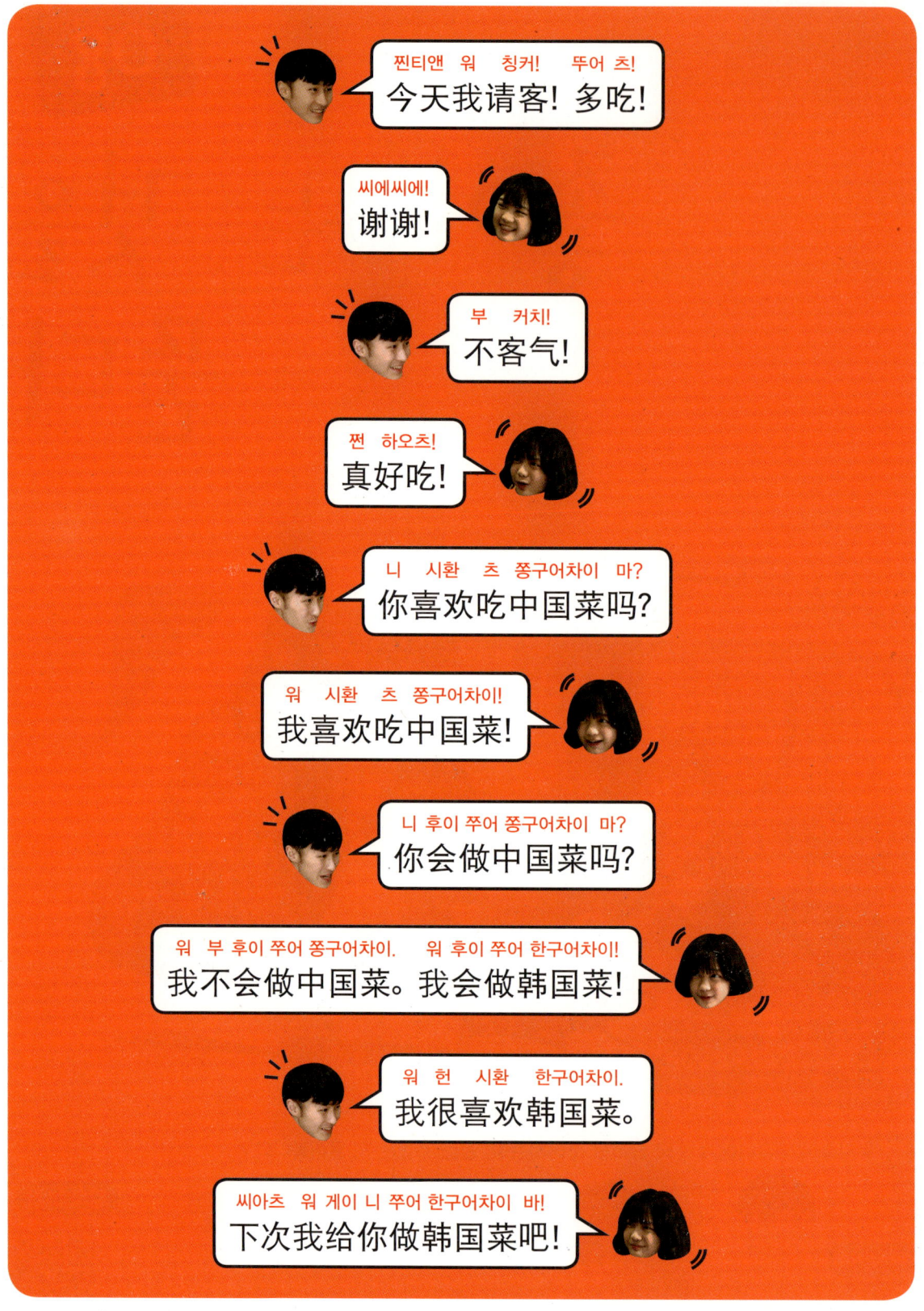

문장 익히기 ①

찐티앤 워 칭커! 뚜어 츠!
今天我请客！多吃！
Jīntiān wǒ qǐngkè! Duō chī!
오늘 내가 쏠게! 많이 먹어!

씨에씨에!
谢谢！
Xièxie!
고마워!

请客 qǐngkè 한턱내다
穿 chuān 입다
衣服 yīfu 옷
听 tīng 듣다
读 dú 읽다
写 xiě 쓰다

1 이합동사 请客

- '请客 qǐngkè'는 '한턱내다'라는 뜻의 동사예요. '请 qǐng'은 '청하다', '客 kè'는 '손님'인데 이 두 단어가 합쳐져서 '손님을 대접하다'라는 의미가 됐죠.

  오늘은 네가 한턱내!　찐티앤 니 칭커!
  今天你请客！
  Jīntiān nǐ qǐngkè!

- '请客'처럼 2음절의 동사가 '동사+목적어' 구조로 이루어진 단어를 '이합동사'라고 해요. 주의할 점은 이미 목적어를 포함한 단어이기 때문에 뒤에 목적어가 올 수 없다는 거예요.

  제가 당신을 대접할게요.
  워 칭 니.　　　　　　워 칭커 니.
  我请你。(○)　　　**我请客你。**(×)
  Wǒ qǐng nǐ.　　　　　Wǒ qǐngkè nǐ.

2 부사 多

- '多 duō+동사'가 쓰인 표현에서 '多 duō'는 부사로 '많이'라는 의미예요.

  옷 많이 입어!　뚜어 추안 이푸!
  多穿衣服！
  Duō chuān yīfu!

  많이 듣고, 많이 말하고, 많이 읽고, 많이 쓰세요.
  뚜어 팅, 뚜어 슈어, 뚜어 두, 뚜어 씨에.
  多听、多说、多读、多写。
  Duō tīng, duō shuō, duō dú, duō xiě.

'맛있게 드세요!', '잘 먹겠습니다!'는 중국어로 어떻게 말할까요? 그냥 간단하게 '多吃! duō chī!(많이 드세요!)', '谢谢! Xièxie!(감사합니다!)'라고 하면 돼요. 또, 친구끼리 더치페이할 때는 'AA制吧! AA zhì ba!(더치페이하자!)'라고 말해요. 'AA(Algebraic Average=대수 평균)'는 '에이 에이'라고 읽어 주세요. 'AA制'는 요즘 중국에서 빠르게 확산되는 문화예요.

문장 익히기 ❷

부 커치!
不客气!
Bú kèqi!
천만에!

쩐 하오츠!
真好吃!
Zhēn hǎochī!
정말 맛있다!

不客气 bú kèqi 천만에요
好吃 hǎochī 맛있다
太~了 tài~le 너무 ~하다
难 nán 어렵다, 힘들다
别 bié ~하지 마라
不要 búyào ~하지 마라
不用 búyòng ~할 필요 없다

1 천만에요

- '谢谢! Xièxie!'의 대답인 '不客气! Bú kèqi!'는 '천만에요', '별말씀을요'라는 의미예요. 여기서 '客气 kèqi'는 '예의 바르다', '체면을 차리다', '사양하다'라는 뜻이에요.

당신 너무 예의 바르시네요!	닌 타이 커치 러! **您太客气了!** Nín tài kèqi le!
그럼 저 사양하지 않겠습니다!	나 워찌우 부 커치 러! **那我就不客气了!** Nà wǒ jiù bú kèqi le!

2 부사 好

- '好 hǎo'는 동사 앞에서 '~하기 좋다'라는 의미의 부사로 쓰여요. '好吃 hǎochī'는 '먹기 좋다'니까 '맛있다'라는 뜻이죠. 그 반대말은 앞에 '不 bù'를 써서 '不好吃 bù hǎochī(맛없다)'라고 해요. 정도가 심할 때는 동사 앞에 '어렵다', '힘들다'라는 뜻의 단어 '难 nán'을 붙여서 말해요.

예쁘다	하오칸. **好看.** hǎokàn.	안 예쁘다	뿌 하오칸. **不好看.** bù hǎokàn.	못생겼다	난칸. **难看.** nánkàn.
듣기 좋다.	하오팅. **好听.** hǎotīng.	듣기 안 좋다.	뿌 하오팅. **不好听.** bù hǎotīng.	듣기 힘들다.	난팅. **难听.** nántīng.

'客气' 앞에 '别 bié', '不要 búyào', '不用 búyòng' 등을 붙이면 '사양하지 마라'라는 뜻이에요.

사양하지 말고, 많이 먹어요!	비에 커치, 뚜어 츠! **别客气, 多吃!** Bié kèqi, duō chī!

문장 익히기 3

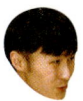
니 시환 츠 쫑구어차이 마?
你喜欢吃中国菜吗?
Nǐ xǐhuan chī zhōngguócài ma?
너 중국 음식 먹는 것 좋아해?

워 시환 츠 쫑구어차이!
我喜欢吃中国菜!
Wǒ xǐhuan chī zhōngguócài!
나 중국 음식 먹는 것 좋아해!

喜欢 xǐhuan 좋아하다
中国菜 zhōngguócài 중국 요리
运动 yùndòng 운동, 운동하다
爬山 páshān 등산하다
爱 ài 사랑하다, 좋아하다
家常菜 jiāchángcài 집밥

1 동사 喜欢

- '喜欢 xǐhuan'은 '~을 좋아하다', '~하기를 좋아하다'라는 의미예요. 목적어로는 명사와 동사가 모두 올 수 있어요. 부정형은 '不喜欢 bù xǐhuan'이라고 해요.

나 널 좋아해.   **워 시환 니.**
我喜欢你。
Wǒ xǐhuan nǐ.

난 운동하는 걸 좋아해.   **워 시환 윈똥.**
我喜欢运动。
Wǒ xǐhuan yùndòng.

난 운동하는 것 안 좋아해.   **워 뿌 시환 윈똥.**
我不喜欢运动。
Wǒ bù xǐhuan yùndòng.

- '喜欢'을 넣어 의문문을 만들 때는 문장 끝에 의문 조사 '吗'를 붙여 묻거나 '你喜欢什么? Nǐ xǐhuan shénme?(너는 뭘 좋아해?)' 또는 '你喜欢做什么? Nǐ xǐhuan zuò shénme?(너는 뭐 하는 걸 좋아해?)'와 같이 의문 대명사로 물어볼 수 있어요.

너 등산하는 것 좋아해?   **니 시환 파샨 마?**
你喜欢爬山吗?
Nǐ xǐhuan páshān ma?

'~하기를 좋아하다'라는 의미를 표현할 때는 동사 앞에 '喜欢 xǐhuan' 대신 '爱 ài'를 써도 돼요.

난 집밥 먹는 걸 좋아해.   **워 아이 츠 찌아창차이.**
我爱吃家常菜。
Wǒ ài chī jiāchángcài.

그러나 목적어로 명사가 쓰이면, '爱 ài'는 '~을 사랑하다'라는 의미예요.

난 그녀를 사랑해.   **워 아이 타.**
我爱她。
Wǒ ài tā.

문장 익히기 4

 니 후이 쭈어 쯍구어차이 마?
你会做中国菜吗?
Nǐ huì zuò zhōngguócài ma?
너 중국 요리 할 수 있어?

 워 부 후이 쭈어 쯍구어차이. 워 후이 쭈어 한구어차이!
我不会做中国菜。我会做韩国菜!
Wǒ bú huì zuò zhōngguócài. Wǒ huì zuò hánguócài!
나 중국 요리 못해. 나 한국 요리는 할 수 있어.

会 huì ~할 수 있다
不会 bú huì ~할 수 없다
韩国菜 hánguócài 한국 요리
汉语 Hànyǔ 중국어
日语 Rìyǔ 일본어
能 néng ~할 수 있다
方便面 fāngbiànmiàn 라면
香菜 xiāngcài 샹차이(고수)

1 조동사 会

- '会 huì'는 '~할 수 있다'라는 뜻의 조동사로, 배워서 할 수 있는 것을 말할 때 쓰는 표현이에요. 조동사 뒤에는 동사가 와요. 부정형은 '不会 bú huì'예요.

난 중국어 할 줄 알아.
워 후이 슈어 한위.
我会说汉语。
Wǒ huì shuō Hànyǔ.

난 일본어 할 줄 몰라.
워 부 후이 슈어 르위.
我不会说日语。
Wǒ bú huì shuō Rìyǔ.

- '会'를 넣어 의문문을 만들 때는 문장 끝에 의문 조사 '吗'를 붙이거나 의문 대명사로 물어볼 수 있어요.

너 일본어 할 줄 알아?
니 후이 슈어 르위 마?
你会说日语吗?
Nǐ huì shuō Rìyǔ ma?

너 어떤 요리 할 수 있어?
니 후이 쭈어 션머 차이?
你会做什么菜?
Nǐ huì zuò shénme cài?

'~할 수 있다'라는 의미를 가진 조동사로는 '能 néng'도 있는데, '能'은 능력이나 조건이 갖추어져서 할 수 있는 것을 말할 때 써요.

나는 라면 세 그릇 먹을 수 있어!
워 넝 츠 싼 완 팡삐앤미앤!
我能吃三碗方便面!
Wǒ néng chī sān wǎn fāngbiànmiàn!

나는 샹차이(고수)를 못 먹어.
워 뿌 넝 츠 씨앙차이!
我不能吃香菜。
Wǒ bù néng chī xiāngcài.

문장 익히기 5

워 헌 시환 한구어차이.
我很喜欢韩国菜。
Wǒ hěn xǐhuan hánguócài.
나 한국 음식 아주 좋아해.

씨아츠 워 게이 니 쭈어 한구어차이 바!
下次我给你做韩国菜吧!
Xiàcì wǒ gěi nǐ zuò hánguócài ba!
다음번에 내가 너한테 한국 음식 해 줄게!

下次 xiàcì 다음번
非常 fēicháng 대단히, 매우
特别 tèbié 유달리, 특히, 아주
最 zuì 가장, 제일
来 lái (어떤 동작을) 하다

1 정도 부사

- '很 hěn'은 '매우'라는 뜻으로, 어떤 정도를 한정하는 부사예요. 정도 부사는 일반 동사 앞에 올 수 없지만, 심리를 나타내는 동사인 '喜欢 xǐhuan' 앞에는 올 수 있어요. 다른 정도 부사도 알아볼까요?

나는 한국 음식을 대단히 좋아해.
워 페이창 시환 한구어차이.
我非常喜欢韩国菜。
Wǒ fēicháng xǐhuan hánguócài.

나는 한국 음식을 진짜(특히) 좋아해.
워 터비에 시환 한구어차이.
我特别喜欢韩国菜。
Wǒ tèbié xǐhuan hánguócài.

나는 한국 음식을 제일 좋아해.
워 쭈이 시환 한구어차이.
我最喜欢韩国菜。
Wǒ zuì xǐhuan hánguócài.

2 조사 吧 ②

- '吧 ba'는 '~하자', '~해라'와 같이 청유나 권유를 나타내는 조사인데, 주어가 '나'일 때는 '(내가) ~하겠다'라는 적극적인 느낌을 줘요.

내가 할게!
워 라이 바!
我来吧!
Wǒ lái ba!

- 정도 부사의 뜻을 보면 도무지 감이 잡히지 않을 때가 많아요. '很 hěn'과 '非常 fēicháng'은 모두 '매우'라는 뜻으로, 비슷한 의미처럼 보이지만, '很 hěn'보다 '非常 fēicháng'이 나타내는 정도가 훨씬 강해요. '非常 fēicháng'과 '特别 tèbié'는 우리말로 '완전히', '진짜' 정도의 느낌으로 강조하는 표현이에요.
- '下 xià'는 '다음', '次 cì'는 '~번'이라는 의미예요. '下次 xiàcì'의 반대말은 '上次 shàngcì(지난번)'예요.

핵심 패턴 연습하기 음원 듣기 8-2

➡ 빈칸에 다양한 표현을 넣어 큰 소리로 연습해 보세요.

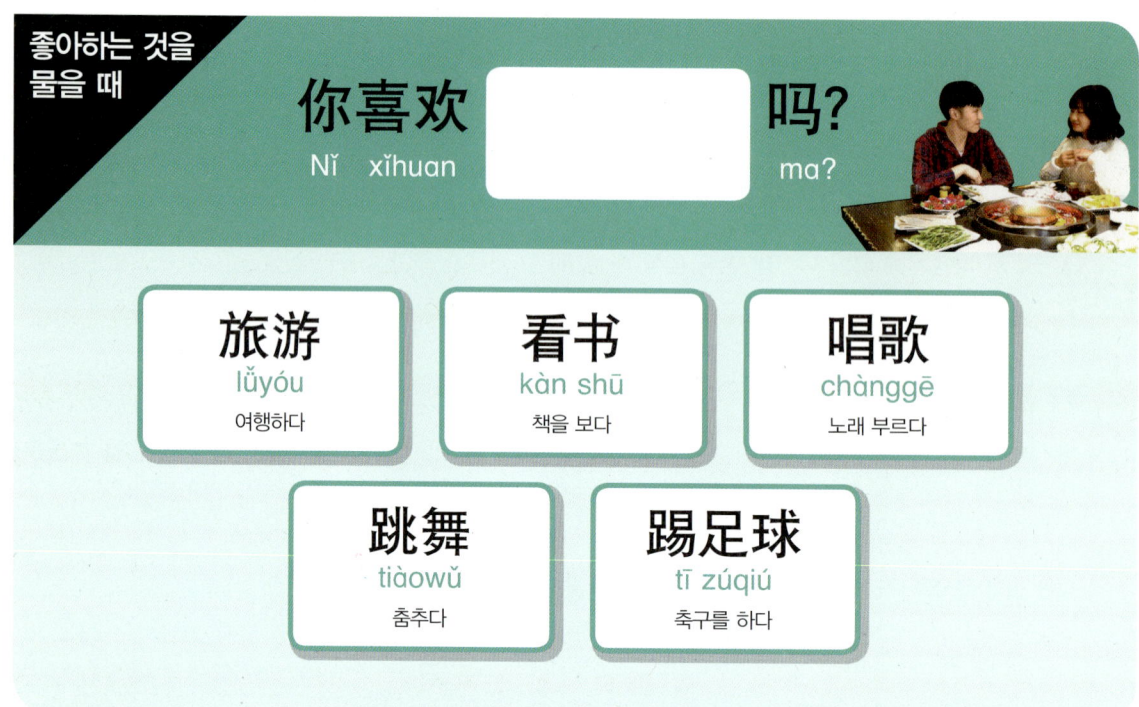

뿜뿜 대화 체험하기

➜ 우리말 대본을 참고하여, 아래 영상에서 소리가 빈 부분을 중국어로 말해 보세요.

좋아하는 것을 묻다

왕후이: 오늘 내가 쏠게! 많이 먹어!

고마워! —유나

왕후이: 천만에!

정말 맛있다! —유나

왕후이: 너 중국 음식 먹는 것 좋아해?

나 중국 음식 먹는 것 좋아해! —유나

왕후이: 너 중국 요리 할 수 있어?

나 중국 요리 못해. 나 한국 요리는 할 수 있어. —유나

왕후이: 나 한국 음식 아주 좋아해.

다음번에 내가 너한테 한국 음식 해 줄게! —유나

쏙쏙 문장 만들기

1. 우리말 대화를 보고, 중국어 문장을 완성해 보세요.

   1) A: 오늘 내가 쏠게! 많이 먹어!

      今天我_____! _____!

      B: 정말 맛있다!

      真_____!

   2) A: 고마워!

      _____!

      B: 천만에!

      _____!

2. 주어진 단어를 이용하여, 중국어 문장을 만들어 보세요.

   1) 나 중국 요리 못해.

      我 / 中国菜 / 会 / 做 / 不
      wǒ / zhōngguócài / huì / zuò / bú

      ➡ _____

   2) 나 한국 음식 아주 좋아해.

      喜欢 / 很 / 韩国菜 / 我
      xǐhuan / hěn / hánguócài / wǒ

      ➡ _____

   3) 다음번에 내가 너한테 한국 음식 해 줄게.

      做 / 我 / 你 / 吧 / 下次 / 韩国菜 / 给
      zuò / wǒ / nǐ / ba / xiàcì / hánguócài / gěi

      ➡ _____

정답 1. 1) A: 请客, 多吃 B: 好吃 2) A: 谢谢 B: 不客气
2. 1) 我不会做中国菜。 2) 我很喜欢韩国菜。 3) 下次我给你做韩国菜吧。

알아 두면 꿀 떨어지는 꿀 표현

몇 가지 조리 방식과 맛을 표현하는 중국어 단어를 알아 두면
중국에서 메뉴판 속 음식을 쉽게 알아차릴 수 있어요!

조리 방식

볶다
炒 chǎo
예 炒饭 chǎofàn 볶음밥

튀기다
炸 zhá
예 炸鸡 zhájī 치킨

굽다
烤 kǎo
예 烤鸭 kǎoyā 오리구이

지지다, 부치다
煎 jiān
예 煎饼 jiānbing 전병

찌다
蒸 zhēng
예 蒸饺儿 zhēngjiǎor 찐만두

삶다, 끓이다
煮 zhǔ
예 白煮肉 báizhǔròu 삶은 고기

소금물이나 간장에 삶다
卤 lǔ
예 卤肉 lǔròu 수육

푹 고다
炖 dùn
예 炖鱼 dùnyú 생선조림

버무리다, 비비다
拌 bàn
예 拌面 bànmiàn 비빔면

훈제하다
熏 xūn
예 熏鸡 xūnjī 훈제 닭고기

맛 표현

시다
酸 suān
예 酸辣土豆丝
suānlàtǔdòusī
시큼, 매콤한 감자볶음

맵다
辣 là

쓰다
苦 kǔ

짜다
咸 xián

달다
甜 tián
예 甜点 tiándiǎn
디저트

09 날짜와 요일을 묻다

今天几月几号?

상황 유나가 왕후이에게 생일을 물어봅니다.

등장인물 왕후이 , 유나(로우나)

강의 보기

대화 내용 확인하기 🎧 음원 듣기 9-1

▶ MP3 음원을 들으며 대화 내용과 발음을 확인해 보세요.

니 더 셩르 스 지 위에 지 하오?
你的生日是几月几号?

워 더 셩르 스 이 위에 얼스 하오.
我的生日是一月二十号。

찐티앤 지 위에 지 하오?
今天几月几号?

찐티앤 이 위에 스싼 하오.
今天一月十三号。

찐티앤 씽치 지?
今天星期几?

찐티앤 씽치쓰.
今天星期四。

오! 씨아 거 씽치쓰 스 니 더 셩르 바?
哦!下个星期四是你的生日吧?

뚜이.
对。

쭈 니 셩르 콰이러!
祝你生日快乐!

씨에씨에!
谢谢!

문장 익히기 1

니 더 셩르 스 지 위에 지 하오?
你的生日是几月几号?
Nǐ de shēngrì shì jǐ yuè jǐ hào?
너의 생일은 몇 월 며칠이야?

워 더 셩르 스 이 위에 얼스 하오.
我的生日是一月二十号。
Wǒ de shēngrì shì yī yuè èrshí hào.
나의 생일은 1월 20일이야.

| 生日 shēngrì 생일 |
| 月 yuè 월 |
| 号 hào 일 |
| 国庆节 guóqìngjié 국경절 |
| 婚礼 hūnlǐ 결혼식 |

1 날짜 물어보기

- '几月几号 jǐ yuè jǐ hào'는 '몇 월 며칠'이라는 뜻으로, 날짜를 물어보는 말이에요. 의문 대명사 '几 jǐ'가 있기 때문에 의문 조사 '吗 ma'를 붙이지 않아요.

국경절은 몇 월 며칠이야?
구어칭지에 스 지 위에 지 하오?
国庆节是几月几号?
Guóqìngjié shì jǐ yuè jǐ hào?

그녀의 결혼식은 몇 월 며칠이야?
타 더 훈리 스 지 위에 지 하오?
她的婚礼是几月几号?
Tā de hūnlǐ shì jǐ yuè jǐ hào?

2 날짜 말하기

- 날짜를 말할 때는 '月 yuè'와 '号 hào' 앞에 숫자만 넣어 주면 되겠죠? 날짜 '일'을 의미하는 단어로는 '日 rì'도 있는데, 이것은 글에 쓰이는 표현이에요. 말할 때는 '号 hào'라고 하면 돼요.

국경절은 10월 1일이야.
구어칭지에 스 스 위에 이 하오.
国庆节是十月一号。
Guóqìngjié shì shí yuè yī hào.

그녀의 결혼식은 4월 9일이야.
타 더 훈리 스 쓰 위에 지우 하오.
她的婚礼是四月九号。
Tā de hūnlǐ shì sì yuè jiǔ hào.

중국의 최대 국경일인 국경절(国庆节 Guóqìngjié)은 10월 1일로, 중화 인민 공화국의 건국 기념일이에요. 7일간 연휴라서 이 기간에 중국인들은 국내외 여행을 많이 다녀요. 중국의 노동절(劳动节 Láodòngjié)은 5월 1일로, 3일 동안 연휴예요. 이러한 중국의 연휴 기간에는 우리나라에서도 중국인 관광객을 유치하기 위해 많은 이벤트를 준비해요.

문장 익히기 2

찐티앤 지 위에 지 하오?
今天几月几号?
Jīntiān jǐ yuè jǐ hào?
오늘은 몇 월 며칠이야?

찐티앤 이 위에 스싼 하오.
今天一月十三号。
Jīntiān yī yuè shísān hào.
오늘은 1월 13일이야.

后天 hòutiān 모레
年 nián 년, 해
奥运会 àoyùnhuì 올림픽

1 일반적인 날짜 말하기

- 특정일이 아닌 일반적인 날짜(오늘 날짜 등)를 물어볼 때는 동사 '是 shì'를 생략해요. 나이·시간·날짜 등을 말할 때는 명사가 서술어가 되는 '명사 술어문'으로 말한다고 했었죠? 부정형은 '是 shì'를 생략하지 않아요.

내일은 몇 월 며칠이야?
밍티앤 지 위에 지 하오?
明天几月几号?
Míngtiān jǐ yuè jǐ hào?

내일은 12월 16일이야.
밍티앤 스얼 위에 스리우 하오.
明天十二月十六号。
Míngtiān shí'èr yuè shíliù hào.

모레는 18일이 아니야.
호우티앤 부 스 스빠 하오.
后天不是十八号。
Hòutiān bú shì shíbā hào.

연도를 말할 때는 숫자를 하나씩 읽어 주면 돼요. '0'은 '零 líng'으로 읽어요.

얼 링 링 빠 니앤 베이징 아오윈후이.
2008년 베이징 올림픽. **2008年北京奥运会。**
Èr líng líng bā nián Běijīng àoyùnhuì.

문장 익히기 3

찐티앤 씽치 지?
今天星期几?
Jīntiān xīngqī jǐ?
오늘은 무슨 요일이야?

찐티앤 씽치쓰.
今天星期四。
Jīntiān xīngqīsì.
오늘은 목요일이야.

星期 xīngqī 요일
星期四 xīngqīsì 목요일
礼拜 lǐbài 요일
周 zhōu 주, 주일

1 요일 말하기

- 요일을 물어볼 때는 '星期 xīngqī' 뒤에 '几 jǐ(몇)'를 붙여 주면 돼요. 그리고 요일을 묻고 답할 때도 동사 '是 shì'를 생략해요.

내일은 무슨 요일이야?   밍티앤 씽치 지?
明天星期几?
Míngtiān xīngqī jǐ?

- 요일은 '星期 xīngqī' 뒤에 숫자 1부터 6까지를 넣으면 돼요. 일요일은 '天 tiān'이나 '日 rì'를 넣어요.

내일은 금요일이야.   밍티앤 씽치우.
明天星期五。
Míngtiān xīngqīwǔ.

월요일	화요일	수요일	목요일	금요일	토요일	일요일
星期一	星期二	星期三	星期四	星期五	星期六	星期天(日)
xīngqīyī	xīngqī'èr	xīngqīsān	xīngqīsì	xīngqīwǔ	xīngqīliù	xīngqītiān(rì)

'星期 xīngqī' 대신 '礼拜 lǐbài'나 '周 zhōu'를 넣어서 요일을 말하기도 해요.

월요일	화요일	수요일	목요일	금요일	토요일	일요일
礼拜一	礼拜二	礼拜三	礼拜四	礼拜五	礼拜六	礼拜天(日)
lǐbàiyī	lǐbài'èr	lǐbàisān	lǐbàisì	lǐbàiwǔ	lǐbàiliù	lǐbàitiān(rì)
周一	周二	周三	周四	周五	周六	周天(日)
zhōuyī	zhōu'èr	zhōusān	zhōusì	zhōuwǔ	zhōuliù	zhōutiān(rì)

문장 익히기 ④

오! 씨아 거 씽치쓰 스 니 더 셩르 바?
哦！下个星期四是你的生日吧？
Ò! Xià ge xīngqīsì shì nǐ de shēngrì ba?
오! 다음 주 목요일이 너의 생일이네?

뚜이.
对。
Duì.
맞아.

哦 ò	오(감탄사)
下 xià	다음
吧 ba	~이지요?
对 duì	맞다
野营 yěyíng	캠핑
出差 chūchāi	출장 가다
明洞 míngdòng	명동
爷爷 yéye	할아버지

1 지난주, 이번 주, 다음 주

- '지난주'는 '上(个)星期 shàng (ge) xīngqī', '이번 주'는 '这(个)星期 zhè (ge) xīngqī', '다음 주'는 '下(个)星期 xià (ge) xīngqī'라고 해요. 단위를 나타내는 '个 ge'는 생략해도 돼요. '다음 주 목요일'과 같이 구체적인 요일을 말할 때는 '下(个)星期四 xià (ge) xīngqīsì'라고 해요.

지난주 토요일에 나 캠핑 갔어.
샹 거 씽치리우 워 취 이에잉 러.
上个星期六我去野营了。
Shàng ge xīngqīliù wǒ qù yěyíng le.

이번 주 월요일에 나 출장 가.
쩌 거 씽치이 워 취 추차이.
这个星期一我去出差。
Zhè ge xīngqīyī wǒ qù chūchāi.

다음 주 금요일에 명동에서 만나!
씨아 거 씽치우 짜이 밍똥 찌앤!
下个星期五在明洞见！
Xià ge xīngqīwǔ zài míngdòng jiàn!

2 조사 吧 ③

- '吧 ba'는 문장 끝에서 청유나 권유를 나타내기도 하지만, '~이지요?'와 같이 추측이나 확인할 때 물어보는 말로도 쓰여요.

내일은 할아버지 생신이죠?
밍티앤 스 이에이에 더 셩르 바?
明天是爷爷的生日吧？
Míngtiān shì yéye de shēngrì ba?

- '哦! ò!'는 '오!' 하고 감탄하는 말이에요. '아!'는 '啊! à!', '와!'는 '哇! wà!'라고 쓸 수 있어요.
- '对 duì'는 '맞다'라는 뜻으로, 대답할 때 '是 shì' 대신 쓸 수 있는 말이에요. '맞지 않다'라고 할 때는 '不对 bú duì'라고 하면 돼요.

문장 익히기 5

쭈 니 셩르 콰이러!
祝你生日快乐!
Zhù nǐ shēngrì kuàilè!
생일 축하해!

씨에씨에!
谢谢!
Xièxie!
고마워!

祝 zhù   축복하다, 축하하다
快乐 kuàilè   즐겁다, 행복하다
好运 hǎoyùn   행운
身体 shēntǐ   몸, 신체
健康 jiànkāng   건강하다
一路 yílù   도중, 여정
顺风 shùnfēng   순풍, 순조롭다
圣诞节 Shèngdànjié   크리스마스
新年 xīnnián   새해
周末 zhōumò   주말

1 생일 축하 표현

- '祝你生日快乐! Zhù nǐ shēngrì kuàilè!'는 '생일 축하해!'라는 말이에요. '祝 zhù'는 '축복하다', '축하하다'라는 의미로, 축원하는 말 앞에 붙여요.

행운을 빌어요!
쭈 니 하오윈!
祝你好运!
Zhù nǐ hǎoyùn!

건강하세요!
쭈 니 션티 찌앤캉!
祝你身体健康!
Zhù nǐ shēntǐ jiànkāng!

가시는 길 순조롭길 바랍니다!
쭈 니 이루 슌펑!
祝你一路顺风!
Zhù nǐ yílù shùnfēng!

- '快乐 kuàilè'는 '즐겁다', '행복하다'라는 의미인데, 기념일이나 특별한 날 뒤에 '快乐 kuàilè'를 붙여서 '행복한 ~날', '즐거운 ~날'이라는 의미를 표현할 수 있어요.

메리 크리스마스!
셩딴지에 콰이러!
圣诞节快乐!
Shèngdànjié kuàilè!

해피 뉴이어!
씬니앤 콰이러!
新年快乐!
Xīnnián kuàilè!

즐거운 주말!
쪼우모 콰이러!
周末快乐!
Zhōumò kuàilè!

중국에서는 생일날 장수면(长寿面 chángshòumiàn)이라는 국수를 먹어요. 장수면은 말 그대로 오래 살기를 기원하면서 먹는 국수인데, 중간에 끊지 않고 먹어야 오래 산다는 속설이 있어요. 중국의 생일 축하 노래는 우리가 일반적으로 아는 생일 축하곡에 처음부터 끝까지 '祝你生日快乐 Zhù nǐ shēngrì kuàilè'만 붙여서 불러요.

핵심 패턴 연습하기 음원 듣기 9-2

➡ 빈칸에 다양한 표현을 넣어 큰 소리로 연습해 보세요.

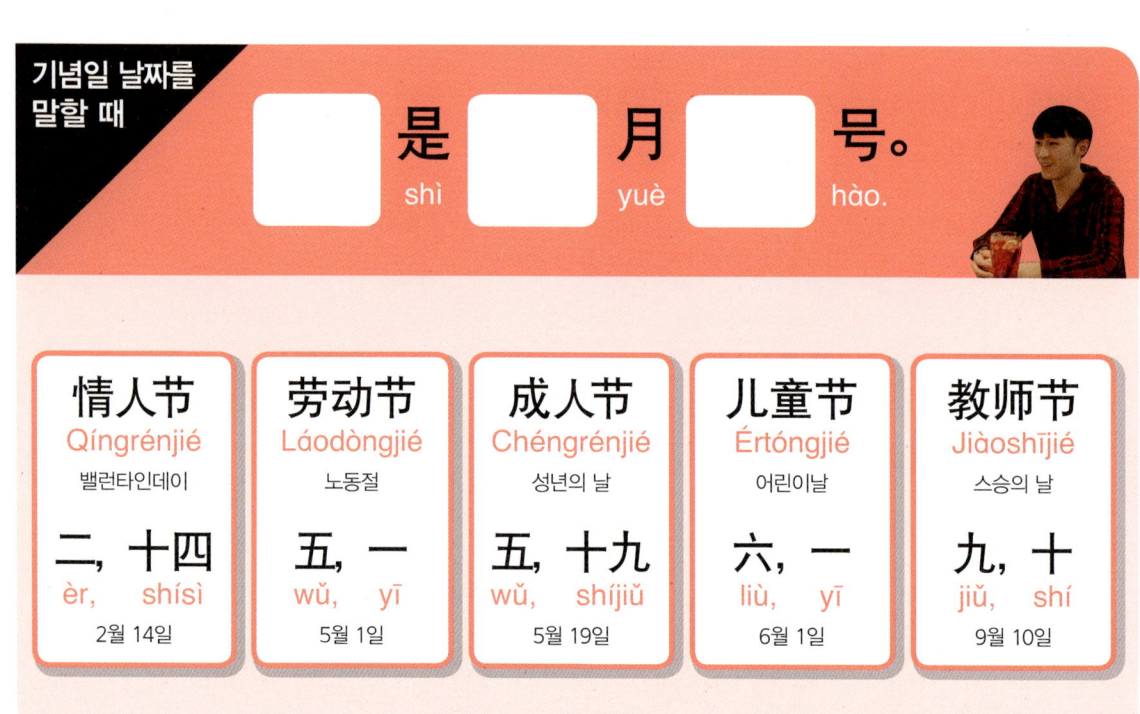

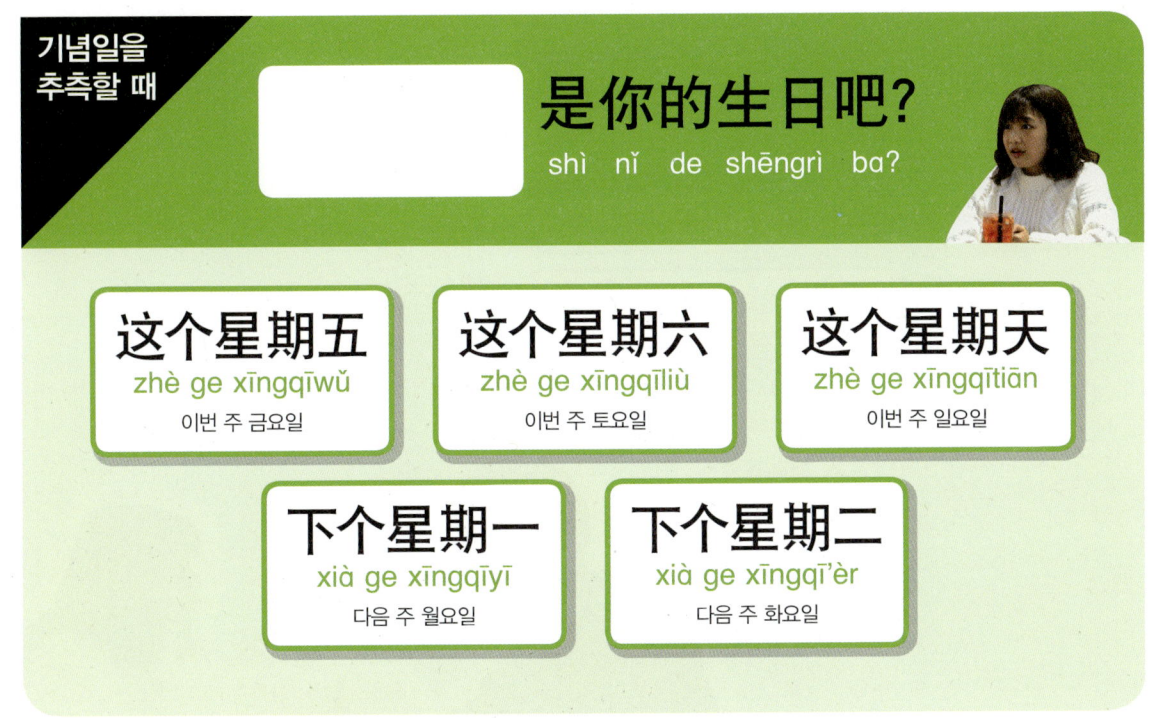

뿜뿜 대화 체험하기

➡ 우리말 대본을 참고하여, 아래 영상에서 소리가 빈 부분을 중국어로 말해 보세요.

날짜와 요일을 묻다

유나: 너의 생일은 몇 월 며칠이야?

왕후이: 나의 생일은 1월 20일이야.

유나: 오늘은 몇 월 며칠이야?

왕후이: 오늘은 1월 13일이야.

유나: 오늘은 무슨 요일이야?

왕후이: 오늘은 목요일이야.

유나: 오! 다음 주 목요일이 너의 생일이네?

왕후이: 맞아.

유나: 생일 축하해!

왕후이: 고마워!

쏙쏙 문장 만들기

1. 우리말 대화를 보고, 중국어 문장을 완성해 보세요.

    1) A: 너의 생일은 몇 월 며칠이야?

    _____ 是 _____ ?

    B: 나의 생일은 1월 20일이야.

    _____ 是 _____ 。

    2) A: 오늘은 몇 월 며칠이야?

    今天_____ ?

    B: 오늘은 1월 13일이야.

    今天_____ 。

2. 주어진 단어를 이용하여, 중국어 문장을 만들어 보세요.

    1) 오늘은 무슨 요일이야?

    今天 / 几 / 星期
    jīntiān / jǐ / xīngqī

    ➡ _____

    2) 다음 주 목요일이 너의 생일이네?

    是 / 吧 / 星期四 / 下 / 你的生日 / 个
    shì / ba / xīngqīsì / xià / nǐ de shēngrì / ge

    ➡ _____

    3) 생일 축하해!

    快乐 / 你 / 生日 / 祝
    kuàilè / nǐ / shēngrì / zhù

    ➡ _____

정답 1. 1) A: 你的生日, 几月几号 B: 我的生日, 一月二十号 2) A: 几月几号 B: 一月十三号
2. 1) 今天星期几？ 2) 下个星期四是你的生日吧？ 3) 祝你生日快乐！

알아 두면 꿀 떨어지는 꿀 표현

중국의 주요 명절을 알아볼까요?

- **춘제(春节 Chūnjié) – 음력 1월 1일. 7일 연휴.**

    중국 최대 명절로 우리나라의 설에 해당해요. 전날 저녁에 온 가족이 모여 만두(饺子 jiǎozi)를 빚어 저녁 식사를 함께하고 폭죽놀이를 해요. 춘제 당일에는 아이들이 어른께 세배를 드리고 빨간색 봉투(红包 hóngbāo)에 세뱃돈(压岁钱 yāsuìqián)을 받아요.

- **중추절(中秋节 Zhōngqiūjié) – 음력 8월 15일. 3일 연휴.**

    우리나라의 추석에 해당해요. 둥근 달 모양을 닮은 월병(月饼 yuèbing)을 먹으며 둥근 달처럼 모든 일이 원활하고 순조롭게 되기를 기원해요.

- **단오절(端午节 Duānwǔjié) – 음력 5월 5일. 3일 연휴.**

    중국의 단오는 초(楚)나라의 애국 시인이었던 '굴원'을 기리는 날이에요. 이날에는 용 모양의 배를 타고 시합하는 경기를 하며, 대나무잎에 찹쌀을 넣어 찐 쫑즈(粽子 zòngzi)를 먹어요.

- **청명절(清明节 Qīngmíngjié) – 양력 4월 5일 경. 3일 연휴.**

    동지로부터 108일 후에 해당하는 날로, 조상의 묘에 찾아가 성묘해요.

옷 가게에서 옷을 고르다

상황 유나가 왕후이에게 생일 선물을 사 주기로 하고, 옷 가게에서 옷을 고릅니다.

등장인물  왕후이   유나(로우나)  점원

강의 보기

대화 내용 확인하기 🔊 음원 듣기 10-1

▶ MP3 음원을 들으며 대화 내용과 발음을 확인해 보세요.

찐티앤 스 니 더 셩르! 니 시앙 야오 션머 리우?
今天是你的生日! 你想要什么礼物?

부용 러!
不用了!

워 쏭 니 이 찌앤 이푸, 전머양?
我送你一件衣服, 怎么样?

나 타이 하오 러!
那太好了!

-------- 〈옷 가게에서〉 --------

쩌 찌앤 이푸 전머양?
这件衣服怎么样?

하오칸!
好看!

워 커이 스스 마?
我可以试试吗?

커이!
可以!

요우디얼 시아오! 요우 메이요우 따 더?
有点儿小! 有没有大的?

요우, 칭 샤오 덩 이시아.
有, 请稍等一下。

문장 익히기 ①

 찐티앤 스 니 더 셩르! 니 시앙 야오 션머 리우?
今天是你的生日! 你想要什么礼物?
Jīntiān shì nǐ de shēngrì! Nǐ xiǎng yào shénme lǐwù?
오늘은 너의 생일이야! 너 무슨 선물 받고 싶어?

 부용 러!
不用了!
Búyòng le!
괜찮아!

- 想要 xiǎng yào 원하다
- 礼物 lǐwù 선물
- 新 xīn 새로운
- 法国 Fǎguó 프랑스
- 坐 zuò 타다
- 地铁 dìtiě 지하철
- 告诉 gàosu 알리다

1 원하는 것을 말하기

- '想 xiǎng'은 '하고 싶다', '要 yào'는 '원하다', '~하려고 하다'라는 의미이므로 '想要 xiǎng yào'는 원하는 것을 말할 때 쓰는 표현이에요. 목적어로 명사와 동사가 모두 올 수 있어요.

넌 원하는 게 뭐야?	니 시앙 야오 션머? **你想要什么?** Nǐ xiǎng yào shénme?
난 새 휴대폰을 갖고 싶어.	워 시앙 야오 씬 쇼우찌. **我想要新手机。** Wǒ xiǎng yào xīn shǒujī.
난 프랑스에 가길 원해.	워 시앙 야오 취 파구어. **我想要去法国。** Wǒ xiǎng yào qù Fǎguó.

2 사양하기

- '괜찮아요.', '됐어요.'라고 사양할 때는 '不用了。Búyòng le.'라고 말해요.

괜찮아요, 저는 지하철 타고 갈게요.	부용 러, 워 쭈어 띠티에 취. **不用了, 我坐地铁去。** Búyòng le, wǒ zuò dìtiě qù.

'不用 búyòng'은 '필요 없다'라는 의미로, '不用(búyòng)+동사(~할 필요가 없다)'의 형태로도 많이 말해요.

| 너 올 필요 없어. | 니 부용 라이.
你不用来。
Nǐ búyòng lái. | 너 나한테 알려 줄 필요 없어. | 니 부용 까오쑤 워.
你不用告诉我。
Nǐ búyòng gàosu wǒ. |

문장 익히기 ❷

워 쏭 니 이 찌앤 이푸, 전머양?
我送你一件衣服, 怎么样?
Wǒ sòng nǐ yí jiàn yīfu, zěnmeyàng?
내가 너에게 옷 한 벌 선물할게, 어때?

나 타이 하오 러!
那太好了!
Nà tài hǎo le!
그럼 너무 좋지!

送 sòng   보내다, 주다
件 jiàn   벌(단위)
朵 duǒ   송이(단위)
玫瑰花 méiguīhuā   장미
部 bù   대(기계 세는 단위)
小狗 xiǎogǒu   강아지
可爱 kě'ài   귀엽다
累 lèi   피곤하다
教 jiāo   가르치다
问 wèn   묻다
问题 wèntí   문제, 질문

1 이중 목적어를 갖는 동사 送

- '送 sòng'은 '보내다', '주다'라는 의미로, 선물을 줄 때나 사람을 배웅할 때 쓰는 동사예요. '送 sòng' 뒤에는 이중 목적어가 올 수 있어요.

내가 너에게 장미 한 송이를 줄게.
워 쏭 니 이 두어 메이꾸이후아.
我送你一朵玫瑰花。
Wǒ sòng nǐ yì duǒ méiguīhuā.

내가 너에게 스마트폰 한 대를 선물할게.
워 쏭 니 이 뿌 쯔넝 쇼우찌.
我送你一部智能手机。
Wǒ sòng nǐ yí bù zhìnéng shǒujī.

2 감탄 표현

- '太 tài+형용사+了 le'는 '너무 ~하다'라는 의미로, 감탄하거나 정도가 지나칠 때 하는 표현이에요.

강아지 너무 귀엽다!
시아오고우 타이 커아이 러!
小狗太可爱了!
Xiǎogǒu tài kě'ài le!

오늘 너무 피곤해!
찐티앤 타이 레이 러!
今天太累了!
Jīntiān tài lèi le!

이중 목적어를 갖는 동사로는 给 gěi(주다), 教 jiāo(가르치다), 问 wèn(묻다), 告诉 gàosu(알리다), 叫 jiào(~라고 부르다) 등이 있어요.

나는 그에게 중국어를 가르쳐요.
워 찌아오 타 한위.
我教他汉语。
Wǒ jiāo tā Hànyǔ.

내가 너한테 질문 하나 할게.
워 원 니 이 거 원티.
我问你一个问题。
Wǒ wèn nǐ yí ge wèntí.

문장 익히기 ③

쩌 찌앤 이푸 전머양?
这件衣服怎么样?
Zhè jiàn yīfu zěnmeyàng?
이 옷 어때?

하오칸!
好看!
Hǎokàn!
예쁘다!

好看 hǎokàn 예쁘다
条 tiáo 가늘고 긴 것을 세는 단위
裤子 kùzi 바지
裙子 qúnzi 치마
苹果 píngguǒ 사과
事情 shìqing 일
路 lù 길
自行车 zìxíngchē 자전거
酒 jiǔ 술
纸 zhǐ 종이

---

1 '一'의 생략

- '这件衣服 zhè jiàn yīfu'는 '이 옷'이라는 의미로, '这一件衣服 zhè yí jiàn yīfu'에서 '一'가 생략된 말이에요. 지시 대명사 '这 zhè' 또는 '那 nà' 뒤에 숫자 '一'가 오면, '一'를 생략해서 '지시 대명사+양사+명사'의 형태로 말해요. '一'가 아닌 다른 숫자는 생략하지 않아요.

저 바지 어때?
나 티아오 쿠즈 전머양?
那条裤子怎么样?
Nà tiáo kùzi zěnmeyàng?

저 치마 어때?
나 티아오 췬즈 전머양?
那条裙子怎么样?
Nà tiáo qúnzi zěnmeyàng?

이 옷 두 벌 어때?
쩌 리양 찌앤 이푸 전머양?
这两件衣服怎么样?
Zhè liǎng jiàn yīfu zěnmeyàng?

자주 쓰는 양사(사람이나 사물을 세는 단위)를 알아 두세요.

- **个** ge 명/개(사람이나 사물을 셈)
  사과 두 개 两**个**苹果 liǎng ge píngguǒ

- **位** wèi 분(사람을 셈)
  선생님 한 분 一**位**老师 yí wèi lǎoshī

- **本** běn 권(책을 셈)
  책 한 권 一**本**书 yì běn shū

- **杯** bēi 잔(컵에 든 것을 셈)
  술 한 잔 一**杯**酒 yì bēi jiǔ

- **件** jiàn 벌/건(옷, 사건·일을 셈)
  한 가지 일 一**件**事情 yí jiàn shìqing

- **条** tiáo 벌/줄기(가늘고 긴 것을 셈)
  두 갈래 길 两**条**路 liǎng tiáo lù

- **辆** liàng 대(차량을 셈)
  자전거 한 대 一**辆**自行车 yí liàng zìxíngchē

- **张** zhāng 장(평평한 것을 셈)
  종이 한 장 一**张**纸 yì zhāng zhǐ

문장 익히기 4

워 커이 스스 마?
我可以试试吗?
Wǒ kěyǐ shì shi ma?
제가 좀 입어 봐도 되나요?

커이!
可以!
Kěyǐ!
네!

可以 kěyǐ 할 수 있다, 해도 된다
试 shì 시험 삼아 해 보다
接 jiē 연결하다, 받다
抽烟 chōuyān 담배 피우다
尝 cháng 맛보다

1 조동사 可以

- '可以 kěyǐ'는 '할 수 있다(가능)'와 '해도 된다(허가)'의 의미를 가진 조동사로, '可以' 뒤에는 동사가 와요. 부정형은 '不能 bù néng(할 수 없다)'이나 '不可以 bù kěyǐ/不行 bù xíng(안 된다)'이라고 해요. 정반 의문문으로 물을 때는 '可不可以~? kě bu kěyǐ~?'라고 해요.

너 지금 전화 받을 수 있어?
니 씨앤짜이 커이 찌에 띠앤후아 마?
你现在可以接电话吗?
Nǐ xiànzài kěyǐ jiē diànhuà ma?

지금 전화 못 받아.
씨앤짜이 뿌 넝 찌에 띠앤후아.
现在不能接电话。
Xiànzài bù néng jiē diànhuà.

나 담배 피워도 돼?
워 커이 초우앤 마?
我可以抽烟吗?
Wǒ kěyǐ chōuyān ma?

안 돼!
뿌 커이!
不可以!
Bù kěyǐ!

2 동사 중첩

- '试 shì'는 '시험 삼아 해 보다'라는 뜻으로, 주로 중첩해서 '试试 shì shi'라고 말하는데, 동사를 중첩하면 '좀 ~해 보다'라는 의미를 가져요. '동사+一+동사'도 같은 의미예요.

내가 좀 맛봐도 돼?
워 커이 창 창 마?
我可以尝尝吗?
Wǒ kěyǐ cháng chang ma?

워 커이 창 이 창 마?
我可以尝一尝吗?
Wǒ kěyǐ cháng yi cháng ma?

- 중첩된 동사의 두 번째 음절은 경성으로 발음해요. 예 试试 shì shi
- 2음절 동사의 중첩은 'ABAB' 형식이며, 'AB+一+AB' 형식은 쓸 수 없어요.

좀 쉬어요.
씨우씨 씨우씨
休息休息。(O)
Xiūxi xiūxi.

씨우씨 이 씨우씨.
休息一休息。(X)
Xiūxi yi xiūxi.

문장 익히기 5

요우디얼 시아오! 요우 메이요우 따 더?
有点儿小! 有没有大的?
Yǒudiǎnr xiǎo! Yǒu méiyǒu dà de?
조금 작아요! 큰 것 있나요?

요우, 칭 샤오 덩 이시아.
有，请稍等一下。
Yǒu, qǐng shāo děng yíxià.
있어요, 잠시만 기다려 주세요.

有点儿 yǒudiǎnr	조금
小 xiǎo	작다
稍 shāo	잠시, 잠깐
等 děng	기다리다
一下 yíxià	좀 ~하다
长 cháng	길다
短 duǎn	짧다
让 ràng	양보하다
介绍 jièshào	소개하다

1 불만족 표현

- '有点儿 yǒudiǎn+형용사'는 '조금 ~하다'라는 뜻으로, 불만족을 나타내는 표현이에요.

조금 커요! 작은 것 있어요?　　요우디얼 따! 요우 메이요우 시아오 더?
有点儿大! 有没有小的?
Yǒudiǎnr dà! Yǒu méiyǒu xiǎo de?

조금 길어요! 짧은 것 있어요?　　요우디얼 창! 요우 메이요우 두안 더?
有点儿长! 有没有短的?
Yǒudiǎnr cháng! Yǒu méiyǒu duǎn de?

2 좀 ~해 보다

- '동사+一下 yíxià'는 동사를 중첩한 것과 마찬가지로 '좀 ~해 보다'라는 의미예요. '等一下 děng yíxià'는 '좀 기다리다'라는 뜻이죠? '잠시만 기다려 주세요.'는 '请稍等一下。Qǐng shāo děng yíxià.' 라고 해요.

좀 비켜 주세요.　　칭 랑 이시아.
请让一下。
Qǐng ràng yíxià.

제가 소개 좀 하겠습니다.　　워 라이 찌에샤오 이시아.
我来介绍一下。
Wǒ lái jièshào yíxià.

'좀 기다려 달라'라는 표현은 여러 가지로 할 수 있어요.

칭 샤오 덩.	샤오 덩 이시아.	덩 이시아.	덩 이 덩.
请稍等。	**稍等一下。**	**等一下。**	**等一等。**
Qǐng shāo děng.	Shāo děng yíxià.	Děng yíxià.	Děng yi děng.

핵심 패턴 연습하기 음원 듣기 10-2

▶ 빈칸에 다양한 표현을 넣어 큰 소리로 연습해 보세요.

뿜뿜 대화 체험하기

➡ 우리말 대본을 참고하여, 아래 영상에서 소리가 빈 부분을 중국어로 말해 보세요.

옷 가게에서 옷을 고르다

유나: 오늘은 너의 생일이야! 너 무슨 선물 받고 싶어?
왕후이: 괜찮아!
유나: 내가 너에게 옷 한 벌 선물할게, 어때?
왕후이: 그럼 너무 좋지!

유나: 이 옷 어때?
왕후이: 예쁘다!
왕후이: (점원에게) 제가 좀 입어 봐도 되나요?
점원: 네!
왕후이: 조금 작아요! 큰 것 있나요?
점원: 있어요, 잠시만 기다려 주세요.

쓱쓱 문장 만들기

1. 우리말 대화를 보고, 중국어 문장을 완성해 보세요.

   1) A: 너 무슨 선물 받고 싶어?

      你_____礼物?

      B: 괜찮아!

      _____!

   2) A: 내가 너에게 옷 한 벌 선물할게. 어때?

      我_____, 怎么样?

      B: 그럼 너무 좋지!

      那_____!

2. 주어진 단어를 이용하여, 중국어 문장을 만들어 보세요.

   1) 이 옷 어때?

      怎么样 / 件 / 这 / 衣服
      zěnmeyàng jiàn zhè yīfu

      ▶ _____

   2) 제가 좀 입어 봐도 되나요?

      可以 / 我 / 吗 / 试 / 试
      kěyǐ   wǒ   ma   shì   shi

      ▶ _____

   3) 조금 작아요! 큰 것 있나요?

      没有 / 大的 / 有 / 有点儿 / 小
      méiyǒu dà de yǒu yǒudiǎnr xiǎo

      ▶ _____

정답 1. 1) A: 想要什么 B: 不用了 2) A: 送你一件衣服 B: 太好了
       2. 1) 这件衣服怎么样? 2) 我可以试试吗? 3) 有点儿小! 有没有大的?

알아 두면 꿀 떨어지는 꿀 표현

중국의 성어 중에 '예의상 서로 주고받는 것을 중요시한다'라는 뜻의
'礼尚往来 lǐshàngwǎnglái'라는 말이 있어요.
중국인들은 서로 선물을 주고받는 것을 중요하게 생각하는데,
중국인에게 선물할 때 주의해야 할 것을 알아봅시다!

- 우리나라에서는 개업 선물이나 집들이 선물로 종종 시계를 선물하는데, 중국에서는 시계를 선물하지 않아요. '괘종시계'나 '탁상시계'를 뜻하는 '钟 zhōng'의 발음이 '끝나다'라는 뜻의 한자 '终 zhōng'과 같아서 '시계를 선물하다'라는 말인 '送钟 sòng zhōng'이 '임종을 지키다'라는 뜻의 '送终 sòngzhōng'과 발음이 같기 때문이에요. '손목시계'를 뜻하는 단어는 '手表 shǒubiǎo'이기 때문에 손목시계를 선물하는 것은 괜찮아요!

- 친구나 연인 사이에는 우산을 선물하지 않아요. 우산은 '伞 sǎn'이라고 하는데, 이것은 '흩어지다'라는 의미의 한자 '散 sàn'과 발음이 비슷해서 이별을 의미하기 때문이에요.

- 과일 '배'를 선물하지 않아요. 배는 '梨 lí'라고 하는데, 이것은 '이별하다'라는 뜻의 한자 '离 lí'와 발음이 같기 때문이죠. 특히 둘이서 배를 반으로 나누어 먹지 않는데, 그 이유는 '배를 나누다'라는 말인 '分梨 fēn lí'가 '헤어지다'라는 뜻의 단어 '分离 fēnlí'와 발음이 같기 때문이에요.

가격을 묻고 계산하다

상황 관찰하기

这件衣服多少钱?

상황 유나가 점원에게 옷 가격을 물어보고 계산합니다.

등장인물
 왕후이
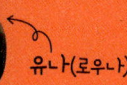 유나(로우나) 
 점원

강의 보기

대화 내용 확인하기 🎧 음원 듣기 11-1

▶ MP3 음원을 들으며 대화 내용과 발음을 확인해 보세요.

쩌 찌앤 이푸 스허 워 마?
这件衣服适合我吗?

페이창 스허! 요우 슈푸 요우 하오칸!
非常适合! 又舒服又好看!

쩌 찌앤 이푸 뚜어샤오 치앤?
这件衣服多少钱?

리양바이 우스 콰이 치앤.
两百五十块钱。

타이 꾸이 러! 넝 부 넝 피앤이 디얼?
太贵了! 能不能便宜点儿?

뿌하오이쓰, 이징 다 치 저 러.
不好意思, 已经打七折了。

하오. 워 찌우 마이 쩌 찌앤.
好。我就买这件。

이꿍 리양바이 우.
一共两百五。

쩌 스 싼바이 콰이.
这是三百块。

하오 더, 자오 닌 우스 콰이.
好的, 找您五十块。

문장 익히기 1

쩌 찌앤 이푸 스허 워 마?
这件衣服适合我吗?
Zhè jiàn yīfu shìhé wǒ ma?
이 옷 나한테 어울려?

페이창 스허! 요우 슈푸 요우 하오칸!
非常适合! 又舒服又好看!
Fēicháng shìhé! Yòu shūfu yòu hǎokàn!
진짜 잘 어울려! 편해 보이면서도 예쁘다!

适合 shìhé	적합하다, 어울리다	
又 yòu	또	
舒服 shūfu	편안하다	
围巾 wéijīn	스카프	
发型 fàxíng	헤어스타일	
高 gāo	키가 크다	
善良 shànliáng	착하다	
体贴 tǐtiē	자상하다	
合适 héshì	적당하다, 알맞다	

1 어울리다

- '适合 shìhé'는 '적합하다', '어울리다'라는 뜻의 동사예요. '适合' 앞에는 정도 부사가 올 수 있어서 '非常适合! fēncháng shìhé!'라고 하면 '대단히 잘 어울린다!'라는 의미예요. '너한테 잘 어울려.'는 '很适合你。Hěn shìhé nǐ.'라고 말해요.

이 스카프 나한테 어울려?
쩌 티아오 웨이찐 스허 워 마?
这条围巾适合我吗?
Zhè tiáo wéijīn shìhé wǒ ma?

이 헤어스타일 나한테 어울려?
쩌 거 파씽 스허 워 마?
这个发型适合我吗?
Zhè ge fàxíng shìhé wǒ ma?

2 ~하고 ~하다

- '又 yòu+형용사+又 yòu+형용사'는 '~하고 ~하다'라는 의미예요.

그는 키 크고 잘생겼어.
타 요우 까오 요우 슈아이.
他又高又帅。
Tā yòu gāo yòu shuài.

그는 착하고 자상해.
타 요우 샨리양 요우 티티에
他又善良又体贴。
Tā yòu shànliáng yòu tǐtiē.

'适合 shìhé'와 뜻이 비슷한 단어로 '合适 héshì'가 있어요. 주의할 것은 '合适 héshì'는 형용사이기 때문에 뒤에 목적어가 올 수 없다는 점이에요.

| 우리는 잘 어울려요. | 워먼 헌 허스.
 我们很合适。
 Wǒmen hěn héshì. | 나는 당신과 어울리지 않아요. | 워 뿌 허스 니.
 我不合适你。(✗)
 Wǒ bù héshì nǐ. | | 워 부 스허 니.
 我不适合你。(○)
 Wǒ bú shìhé nǐ. |

문장 익히기 ❷

쩌 찌앤 이푸 뚜어샤오 치앤?
这件衣服多少钱?
Zhè jiàn yīfu duōshao qián?
이 옷 얼마예요?

리양바이 우스 콰이 치앤.
两百五十块钱。
Liǎngbǎi wǔshí kuài qián.
250위안입니다.

多少钱 duōshao qián 얼마예요
块 kuài 중국의 화폐 단위
香蕉 xiāngjiāo 바나나
斤 jīn 근(500g)

1 가격 물어보기

- '多少钱? duōshao qián?'은 '多少 duōshao(얼마)'와 '钱 qián(돈)'이 합쳐진 말이에요.

바나나 한 근에 얼마예요?
(중국은 과일의 무게를 재서 팔아요.)

씨앙찌아오 뚜어샤오 치앤 이 찐?
香蕉多少钱一斤?
Xiāngjiāo duōshao qián yì jīn?

2 가격 말하기 ①

- '250'은 '两百五十 liǎngbǎi wǔshí'라고 하는데, '百 bǎi(백)' 앞에는 '两 liǎng'과 '二 èr'이 다 올 수 있어서 '二百五十 èrbǎi wǔshí'라고 말해도 돼요. '块 kuài'는 중국의 화폐 단위 '위안(元)'을 말로 할 때 쓰는 표현이에요. '钱 qián'은 금액을 얘기할 때 끝에 붙여 주는데, 생략해도 돼요.

199위안입니다.
이바이 지우스 지우 콰이 (치앤).
一百九十九块(钱)。
Yìbǎi jiǔshí jiǔ kuài (qián).

- 중국의 화폐 단위는 글로 쓸 때와 말할 때의 방식이 달라요. 또, 마지막 화폐 단위는 보통 생략해서 말해요.

글로 쓸 때	元 yuán	角 jiǎo	分 fēn	※1角=0.1元, 1分=0.01元
말할 때	块 kuài	毛 máo	分 fēn	

8.8위안입니다.
빠 콰이 빠.
八块八。
Bā kuài bā.

10.55위안입니다.
스 콰이 우 마오 우.
十块五毛五。
Shí kuài wǔ máo wǔ.

중국의 화폐 단위 '元 yuán'의 중국어 발음은 '위앤'인데, 우리나라에서는 왜 중국 화폐를 '위앤화'가 아닌 '위안화'라고 할까요? 그 이유는 우리나라의 외래어 표기 규칙에 따라 발음을 표기했기 때문이에요.

문장 익히기 ③

 타이 꾸이 러! 넝 부 넝 피앤이 디얼?
太贵了！能不能便宜点儿？
Tài guì le! Néng bu néng piányi diǎnr?
너무 비싸요! 조금 깎아 주실 수 있나요?

 뿌하오이쓰, 이징 다 치 저 러.
不好意思，已经打七折了。
Bùhǎoyìsi, yǐjīng dǎ qī zhé le.
죄송해요, 이미 30% 할인한 거예요.

贵 guì 비싸다
便宜 piányi 싸다
(一)点儿 (yì)diǎnr 조금
已经 yǐjīng 이미
打折 dǎzhé 할인하다
卖 mài 팔다
完 wán 마치다, 끝나다

1 조동사 能

- '能 néng'은 '할 수 있다'라는 뜻의 조동사예요. 정반 의문문 '能不能~? néng bu néng~?'은 '~할 수 있나요?'라고 물어보는 말로, '能 néng~吗 ma?'와 같은 말이에요. '동사/형용사+(一)点儿 (yì)diǎnr'은 '조금 ~하다'라는 뜻인데, 주로 '양적인 것'을 나타내고 '有点儿 yǒudiǎnr'처럼 불만의 의미는 없어요.

너 조금 빨리할 수 있어? 니 넝 부 넝 콰이 디얼?
你能不能快点儿？
Nǐ néng bu néng kuài diǎnr?

2 할인하다

- '打折 dǎzhé'는 '할인하다'라는 뜻의 동사인데, '동사+목적어' 구조로 이루어진 '이합동사'이기 때문에 뒤에 목적어가 올 수 없어요. 또, 할인율을 백분율로 표시하는 우리나라와 달리 중국에서는 지불할 비용의 비율을 10을 기준으로 표시해요. 그래서 '30% 할인하다'는 '打七折 dǎ qī zhé'라고 해요!

몇 퍼센트 할인해요? 다 지 저?
打几折？
Dǎ jǐ zhé?

20% 할인해요. 다 빠 저.
打八折。
Dǎ bā zhé.

- '不好意思 Bùhǎoyìsi'는 비교적 가벼운 상황에서 사과할 때 쓰이는 표현이고, '已经 yǐjīng+동사+了 le'는 '이미 ~했다'라는 뜻으로 일상생활에서 자주 쓰이는 표현이에요.

죄송합니다, 이미 다 팔렸어요. 뿌하오이쓰, 이징 마이완 러.
不好意思，已经卖完了。
Bùhǎoyìsi, yǐjīng màiwán le.

'有点儿 yǒudiǎnr'과 '(一)点儿 (yì)diǎnr'의 차이는 아래 문장으로 알 수 있어요.

조금 비싸요! 조금 깎아 주세요. 요우디얼 꾸이! 피앤이 디얼 바.
有点儿贵！便宜点儿吧。
Yǒudiǎnr guì! Piányi diǎnr ba.

문장 익히기 ❹

하오. 워 찌우 마이 쩌 찌앤.
好。我就买这件。
Hǎo. Wǒ jiù mǎi zhè jiàn.
네. 이 옷 살게요.

一共 yígòng 모두, 전부
千 qiān 1000, 천

이꽁 리양바이 우.
一共两百五。
Yígòng liǎngbǎi wǔ.
모두 250(위안)입니다.

---

1 부사 就

- 부사 '就 jiù'는 '곧', '바로'라는 뜻으로, 동사 앞에 쓰여요. 시간상 빨리 이루어진다는 느낌을 주며, 우리말로는 억지로 풀이하지 않아도 돼요. '这件 zhè jiàn'은 '这件衣服 zhè jiàn yīfu(이 옷)'에서 '衣服 yīfu'가 생략된 말로, 가리키는 것을 상대방이 알고 있을 때는 명사를 생략할 수 있어요.

워 찌우 야오 쩌 거.
전 이걸로 할게요.　**我就要这个。**
　　　　　　　　　Wǒ jiù yào zhè ge.

2 가격 말하기 ②

- '一共 yígòng'은 전부 합쳐서 계산할 때 하는 말이에요. '전부 얼마예요?'는 '一共多少钱? Yígòng duōshao qián?'이라고 해요. 가격을 말할 때 끝의 숫자가 '0'이라면 마지막 수의 단위를 생략해도 돼요. 마지막 수의 단위를 생략했을 때는 화폐 단위 '块 kuài'까지 생략해요.

이꽁 싼바이 얼.
모두 320위안입니다.　**一共三百二。**
　　　　　　　　　Yígòng sānbǎi èr.

이꽁 이치앤 우.
모두 1500위안입니다.　**一共一千五。**
　　　　　　　　　　Yígòng yìqiān wǔ.

- 가격의 중간에 '0'이 있을 때는 '零 líng'을 넣어 주는데, '0'이 여러 개 있어도 한 번만 넣어 주세요.

　　　　　　이바이 링 우 콰이.　　　　　　　이치앤 링 우 콰이.　　　　　　　이치앤 링 우스 콰이.
105위안입니다. **一百零五块。**　1005위안입니다. **一千零五块。**　1050위안입니다. **一千零五十块。**
　　　　　　Yìbǎi líng wǔ kuài.　　　　　　Yìqiān líng wǔ kuài.　　　　　　Yìqiān líng wǔshí kuài.

- 250은 '二百五 èrbǎiwǔ'라고도 하는데요. '얼바이우'는 '바보, 멍청이'라는 의미가 있어요. 그래서 옷 가격이 '얼바이우'면, 친구들끼리 '바보 옷이네!'라며 장난을 치기도 하죠. 진지한 상황에서는 '两百五十 liǎngbǎi wǔshí'라고 말해 주세요.

문장 익히기 ⑤

쩌 스 싼바이 콰이.
这是三百块。
Zhè shì sānbǎi kuài.
여기 300위안이요.

하오 더, 자오 닌 우스 콰이.
好的, 找您五十块。
Hǎo de, zhǎo nín wǔshí kuài.
네, 50위안 거슬러 드릴게요.

找 zhǎo	거스르다, 찾다
刷卡 shuākǎ	카드를 긁다
零钱 língqián	잔돈, 거스름돈
钱包 qiánbāo	지갑

1 돈 지불하기

- 돈을 지불하면서 '여기 ~입니다.'라고 말할 때는 '这是~。Zhè shì~.'라고 말하면 돼요. 카드로 계산할 때는 '我要刷卡! Wǒ yào shuākǎ!(저는 카드로 긁을게요!)'라고 해요.

여기 100위안이요!
쩌 스 이 바이 콰이.
这是一百块。
Zhè shì yì bǎi kuài.

2 거슬러 주기

- '找 zhǎo'는 '(돈을) 거슬러 주다'라는 뜻으로, '~에게 ~을 거슬러 주다'라고 이중 목적어를 쓸 수 있어요.

20위안 거슬러 드릴게요.
자오 닌 얼스 콰이.
找您二十块。
Zhǎo nín èrshí kuài.

여기 거스름돈입니다.
쩌 스 자오 닌 더 링치앤.
这是找您的零钱。
Zhè shì zhǎo nín de língqián.

- '找 zhǎo'는 동사로 '찾다'라는 뜻도 있어요.

너 뭘 찾아?
니 자오 선머?
你找什么?
Nǐ zhǎo shénme?

나 지갑 찾아.
워 자오 치앤빠오.
我找钱包。
Wǒ zhǎo qiánbāo.

요즘 중국인들은 현금이나 카드로 계산하는 일이 거의 없어서 지갑이 필요 없다고 하는데요. 온라인 결제 시스템인 '알리페이(支付宝 zhīfùbǎo 쯔푸바오)'나 '위챗페이(微信支付 wēixìnzhīfù 웨이씬쯔푸)'로 결제하기 때문이에요. 전자 상거래뿐 아니라 일반 상점에서도 계산할 때 휴대폰으로 QR코드(二维码 èrwéimǎ)만 찍으면 끝! 택시나 길거리의 노점상까지 거의 모든 곳에서 사용할 수 있어서 편리해요.

핵심 패턴 연습하기 🎧 음원 듣기 11-2

→ 빈칸에 다양한 표현을 넣어 큰 소리로 연습해 보세요.

뿜뿜 대화 체험하기

➜ 우리말 대본을 참고하여, 아래 영상에서 소리가 빈 부분을 중국어로 말해 보세요.

가격을 묻고 계산하다

왕후이: 이 옷 나한테 어울려?

유나: 진짜 잘 어울려! 편해 보이면서도 예쁘다!

유나: (점원에게) 이 옷 얼마예요?

점원: 250위안입니다.

유나: 너무 비싸요! 조금 깎아 주실 수 있나요?

점원: 죄송해요, 이미 30% 할인한 거예요.

유나: 네. 이 옷 살게요.

점원: 모두 250(위안)입니다.

유나: 여기 300위안이요.

점원: 네, 50위안 거슬러 드릴게요.

쓱쓱 문장 만들기

1. 우리말 대화를 보고, 중국어 문장을 완성해 보세요.

    1) A: 이 옷 나한테 어울려?

    _____适合_____吗?

    B: 진짜 잘 어울려! 편해 보이면서도 예쁘다!

    非常_____! ____舒服____好看!

    2) A: 이 옷 얼마예요?

    _____?

    B: 250위안입니다.

    _____块钱。

2. 주어진 단어를 이용하여, 중국어 문장을 만들어 보세요.

    1) 너무 비싸요! 조금 깎아 주실 수 있나요?

    贵 / 点儿 / 了 / 能 / 便宜 / 太 / 不能
    guì diǎnr le néng piányi tài bu néng

    ➡ _____

    2) 이미 30% 할인한 거예요.

    七 / 打 / 了 / 折 / 已经
    qī dǎ le zhé yǐjīng

    ➡ _____

    3) 이 옷 살게요.

    这 / 件 / 我 / 就 / 买
    zhè jiàn wǒ jiù mǎi

    ➡ _____

정답 1. 1) A: 这件衣服, 我 B: 适合, 又, 又 2) A: 这件衣服多少钱 B: 两百五十
2. 1) 太贵了! 能不能便宜点儿? 2) 已经打七折了。 3) 我就买这件。

 알아 두면 꿀 떨어지는 꿀 표현

중국의 화폐는 '인민폐'라고 해요.

인민폐	한화	달러
人民币 rénmínbì	韩币 hánbì	美元 měiyuán

1元 = 한화 약 170원
1角(0.1元) = 한화 약 17원
1分(0.01元) = 한화 약 1.7원 (分 단위는 거의 쓰지 않아요.)   *2018년 기준

지폐는 '纸币 zhǐbì' 동전은 '硬币 yìngbì'라고 하는데, 중국 화폐는 같은 액수라도 지폐와 동전이 둘 다 있기도 하니 헷갈리지 않게 주의하세요.

100위안
一百块 yìbǎi kuài

50위안
五十块 wǔshí kuài

20위안
二十块 èrshí kuài

10위안
十块 shí kuài

5위안
五块 wǔ kuài

1위안
一块 yí kuài

0.5위안
五毛 wǔ máo

0.1위안
一毛 yì máo

12 가족에 관해 묻다

상황 관찰하기

你家有几口人？

상황 왕후이가 유나의 가족에 관해 물어봅니다.

등장인물 왕후이,  유나(로우나)

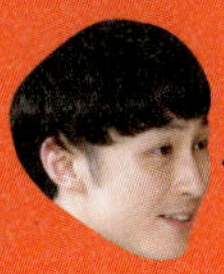

강의 보기

대화 내용 확인하기 음원 듣기 12-1

> MP3 음원을 들으며 대화 내용과 발음을 확인해 보세요.

니 지아 요우 지 코우 런?
你家有几口人?

워 지아 요우 쓰 코우 런.
我家有四口人。

또우 요우 셰이?
都有谁?

빠바, 마마, 이 거 꺼거 허 워.
爸爸、妈妈、一个哥哥和我。

니 꺼거 뚜어 따?
你哥哥多大?

타 비 워 따 우 쑤이.
他比我大五岁。

타 슈아이 마?
他帅吗?

메이요우 니 슈아이.
没有你帅。

타 쭈어 션머 꽁쭈어?
他做什么工作?

타 스 뤼스.
他是律师。

문장 익히기 1

니 지아 요우 지 코우 런?
你家有几口人?
Nǐ jiā yǒu jǐ kǒu rén?
너희 집은 몇 식구야?

워 지아 요우 쓰 코우 런.
我家有四口人。
Wǒ jiā yǒu sì kǒu rén.
우리 집은 네 식구야.

口 kǒu 식구(단위)
房间 fángjiān 방
辆 liàng 대(단위)
汽车 qìchē 자동차

1 식구 수 묻고 답하기

- '几 jǐ'는 '몇'이라는 뜻으로 10 이하의 수를 물어보는 말이고, '口 kǒu'는 식구를 세는 단위, '人 rén'은 명사로 '사람'이라는 뜻이에요. 그래서 '你家有几口人? Nǐ jiā yǒu jǐ kǒu rén?'은 '너희 집은 몇 식구가 있니?'라고 묻는 말이죠. 식구 수를 대답할 때도 '수사+양사+명사' 순으로 말하면 돼요. '네 식구'면, '四口人 sì kǒu rén'이라고 해요.

	니 지아 요우 지 거 팡지앤?
너희 집에는 방이 몇 개 있어?	**你家有几个房间?**
	Nǐ jiā yǒu jǐ ge fángjiān?

워 지아 요우 싼 거 팡지앤.
우리 집에는 방이 세 개 있어. **我家有三个房间。**
Wǒ jiā yǒu sān ge fángjiān.

니 지아 요우 지 리양 치처?
너희 집에는 차가 몇 대 있어? **你家有几辆汽车?**
Nǐ jiā yǒu jǐ liàng qìchē?

워 지아 요우 이 리양 치처.
우리 집에는 차가 한 대 있어. **我家有一辆汽车。**
Wǒ jiā yǒu yí liàng qìchē.

10 이상의 수를 물어볼 때는 '多少 duōshao'를 쓰면 되겠죠? '多少 duōshao'를 쓸 때는 명사를 세는 단위인 양사를 생략할 수 있어요.

니먼 쉬에씨아오 요우 뚜어샤오 (거) 리우쉬에셩?
너희 학교에는 유학생이 얼마나 있어? **你们学校有多少(个)留学生?**
Nǐmen xuéxiào yǒu duōshao (ge) liúxuéshēng?

문장 익히기 ❷

또우 요우 셰이?
都有谁?
Dōu yǒu shéi?
모두 누가 있어?

빠바, 마마, 이 거 꺼거 허 워.
爸爸、妈妈、一个哥哥和我。
Bàba, māma, yí ge gēge hé wǒ.
아빠, 엄마, 오빠 한 명이랑 나.

- 都 dōu 모두
- 爸爸 bàba 아빠
- 哥哥 gēge 형, 오빠
- 和 hé 그리고, ~와(과)
- 功能 gōngnéng 기능
- 奶奶 nǎinai 할머니
- 姐姐 jiějie 누나, 언니
- 结婚 jiéhūn 결혼하다

1 부사 都

- '都有谁? Dōu yǒu shéi?'는 '모두 누가 있어?'라고 구성원을 물어보는 말이에요. '都 dōu'는 '모두'라는 뜻의 부사로, 동사 앞에 와요.

우리는 모두 한국인이에요.
워먼 또우 스 한구어런.
我们都是韩国人。
Wǒmen dōu shì Hánguórén.

이건 모두 어떤 기능이 있나요?
쩌 거 또우 요우 선머 꽁넝?
这个都有什么功能?
Zhè ge dōu yǒu shénme gōngnéng?

2 가족 구성원 말하기, 접속사 和

- 가족 구성원을 말할 때는 차례대로 나열하고, 마지막 사람 앞에 접속사 '和 hé'를 넣어 줘요. '和'는 영어의 'and'와 같은 역할이에요. '和'가 전치사로 쓰일 때는 '~와(과)'라는 의미로, '和 hé+대상'의 형식으로 말해요.

할머니, 아빠, 엄마, 누나 두 명, 그리고 저예요.
나이나이, 빠바, 마마, 리양 거 지에지에 허 워.
奶奶、爸爸、妈妈、两个姐姐和我。
Nǎinai, bàba, māma, liǎng ge jiějie hé wǒ.

나는 너와 결혼하고 싶어.
워 시양 허 니 지에훈.
我想和你结婚。
Wǒ xiǎng hé nǐ jiéhūn.

> 1970년대 후반부터 중국은 출산을 제한하는 '한 가정 한 자녀 정책(计划生育 jìhuàshēngyù)'을 실시했어요. 소수 민족이나 농촌을 제외하고 둘째 아이를 낳게 되면 큰 벌금을 물어야 했죠. 그래서 1980년대(80后 bālíng hòu)에 태어나 부모와 조부모의 사랑 속에 귀하게 자란 아이들을 집안의 작은 황제와 같다고 해서 '소황제(小皇帝 xiǎohuángdì)'라고 불렀어요. 1990년대에 태어난 아이들은 '90后 jiǔlíng hòu'라고 하는데, 경제적으로 풍족하고 어릴 때부터 인터넷에 노출되어 개성이 뚜렷하다는 특징을 갖고 있어요. 그러나 급속한 고령화 추세와 노동 인구 감소 등의 문제로 중국 정부는 2016년 1월 1일부터 두 자녀 출산을 허용했어요.

문장 익히기 3

니 꺼거 뚜어 따?
你哥哥多大?
Nǐ gēge duō dà?
너희 오빠는 몇 살이야?

타 비 워 따 우 쑤이.
他比我大五岁。
Tā bǐ wǒ dà wǔ suì.
오빠는 나보다 다섯 살 많아.

比 bǐ	~보다
昨天 zuótiān	어제
冷 lěng	춥다
小 xiǎo	(나이가) 적다, 어리다
更 gèng	더, 더욱
胖 pàng	뚱뚱하다
年轻 niánqīng	젊다, 어리다

1 比 비교문

- 'A+比 bǐ+B+형용사'는 'A는 B보다 ~하다'라는 표현이에요. 구체적인 차이를 나타내는 말은 형용사 뒤에 붙여 줘요. '他比我大五岁。Tā bǐ wǒ dà wǔ suì.'는 '그는 나보다 다섯 살 많다.'라는 뜻이에요.

내가 너보다 키 커.
워 비 니 까오.
我比你高。
Wǒ bǐ nǐ gāo.

오늘은 어제보다 추워.
찐티앤 비 주어티앤 렁.
今天比昨天冷。
Jīntiān bǐ zuótiān lěng.

그는 나보다 두 살 어려요.
타 비 워 시아오 리양 쑤이.
他比我小两岁。
Tā bǐ wǒ xiǎo liǎng suì.

- 'A+比 bǐ+B+更 gèng/还 hái+형용사'를 쓰면 'A는 B보다 더 ~하다'라는 의미예요.

내가 너보다 더 뚱뚱해.
워 비 니 껑 팡.
我比你更胖。
Wǒ bǐ nǐ gèng pàng.

내가 그녀보다 더 어려.
워 비 타 하이 니앤칭.
我比她还年轻。
Wǒ bǐ tā hái niánqīng.

중국어도 끊임없이 신조어가 생기는데, 그중에서도 한국 드라마나 예능에서 영향을 받은 신조어들이 있답니다. '欧巴 ōubā'는 우리말 '오빠'를 중국어로 바꾼 것이에요. 간혹 이 말이 여자가 부르는 호칭이라는 것을 모르고 중국 남자들이 사용하기도 하는데, 이는 중국어에서 남녀에 상관없이 오빠나 형을 '哥哥 gēge'라고 부르기 때문이죠.

문장 익히기 4

타 슈아이 마?
他帅吗?
Tā shuài ma?
오빠 잘생겼어?

메이요우 니 슈아이.
没有你帅。
Méiyǒu nǐ shuài.
너만큼 잘생기지 않았어.

成绩 chéngjì 성적
流利 liúlì 막힘이 없다, 유창하다
金妍儿 Jīn yán'ér 김연아
有名 yǒumíng 유명하다
勇敢 yǒnggǎn 용감하다
活泼 huópo 활발하다

1 没有 비교문

• 원래 '没有 méiyǒu'는 '없다'라는 뜻이지만, 'A+没有 méiyǒu+B+형용사'는 'A는 B만큼 ~하지 않다'라는 뜻의 비교를 나타내요. 주어를 생략한 '(他)没有你帅。(Tā) méiyǒu nǐ shuài.'는 '(그는) 너만큼 잘생기지 않았다.'라는 뜻이에요.

내 성적은 너만큼 좋지 않아.
워 더 청찌 메이요우 니 하오.
我的成绩没有你好。
Wǒ de chéngjì méiyǒu nǐ hǎo.

내 중국어는 너만큼 유창하지 않아.
워 더 한위 메이요우 니 리우리.
我的汉语没有你流利。
Wǒ de Hànyǔ méiyǒu nǐ liúlì.

그녀는 김연아만큼 유명하지 않아.
타 메이요우 찐 앤얼 요우밍.
她没有金妍儿有名。
Tā méiyǒu Jīn yán'ér yǒumíng.

• 'A+有 yǒu+B+형용사'는 'A는 B만큼 ~하다'라는 의미예요. 형용사 앞에 '这么 zhème'나 '那么 nàme'를 넣어 'A는 B만큼 (이렇게/저렇게) ~하다'라고 말할 수 있어요. 주로 의문문으로 많이 쓰여요.

네가 나만큼 용감해?
니 요우 워 용간 마?
你有我勇敢吗?
Nǐ yǒu wǒ yǒnggǎn ma?

그녀가 너만큼 이렇게 활발해?
타 요우 니 쩌머 후어포 마?
她有你这么活泼吗?
Tā yǒu nǐ zhème huópo ma?

엄친아는 '高富帅 gāofùshuài', 엄친딸은 '白富美 báifùměi'라고 해요. 풀이하면 엄친아는 '키 크고, 돈 많고, 잘생긴 남자', 엄친딸은 '얼굴이 하얗고, 돈 많고, 예쁜 여자'라는 의미예요.

문장 익히기 5

타 쭈어 션머 꽁쭈어?
他做什么工作?
Tā zuò shénme gōngzuò?
오빠는 무슨 일 해?

타 스 뤼스.
他是律师。
Tā shì lǜshī.
오빠는 변호사야.

律师 lǜshī 변호사
厨师 chúshī 요리사
公司职员 gōngsīzhíyuán 회사원

1 직업 묻고 답하기

- '做什么工作? zuò shénme gōngzuò?'는 '무슨 일을 해요?'라는 뜻으로, 직업을 물어보는 표현이에요. 직업을 말할 때는 'A+是 shì+B'의 형식으로 표현하여 'A는 B예요'라고 말하면 돼요.

당신은 무슨 일을 하세요?
니 쭈어 션머 꽁쭈어?
你做什么工作?
Nǐ zuò shénme gōngzuò?

저는 요리사예요.
워 스 추스.
我是厨师。
Wǒ shì chúshū.

저는 회사원이에요.
워 스 꽁쓰즈위앤.
我是公司职员。
Wǒ shì gōngsīzhíyuán.

직업을 묻고 대답할 때, 일하는 장소로도 묻고 답할 수 있어요.

너는 어디에서 일해?
니 짜이 날 꽁쭈어?
你在哪儿工作?
Nǐ zài nǎr gōngzuò?

나는 병원에서 일해.
워 짜이 이위앤 꽁쭈어.
我在医院工作。
Wǒ zài yīyuàn gōngzuò.

핵심 패턴 연습하기 음원 듣기 12-2

→ 빈칸에 다양한 표현을 넣어 큰 소리로 연습해 보세요.

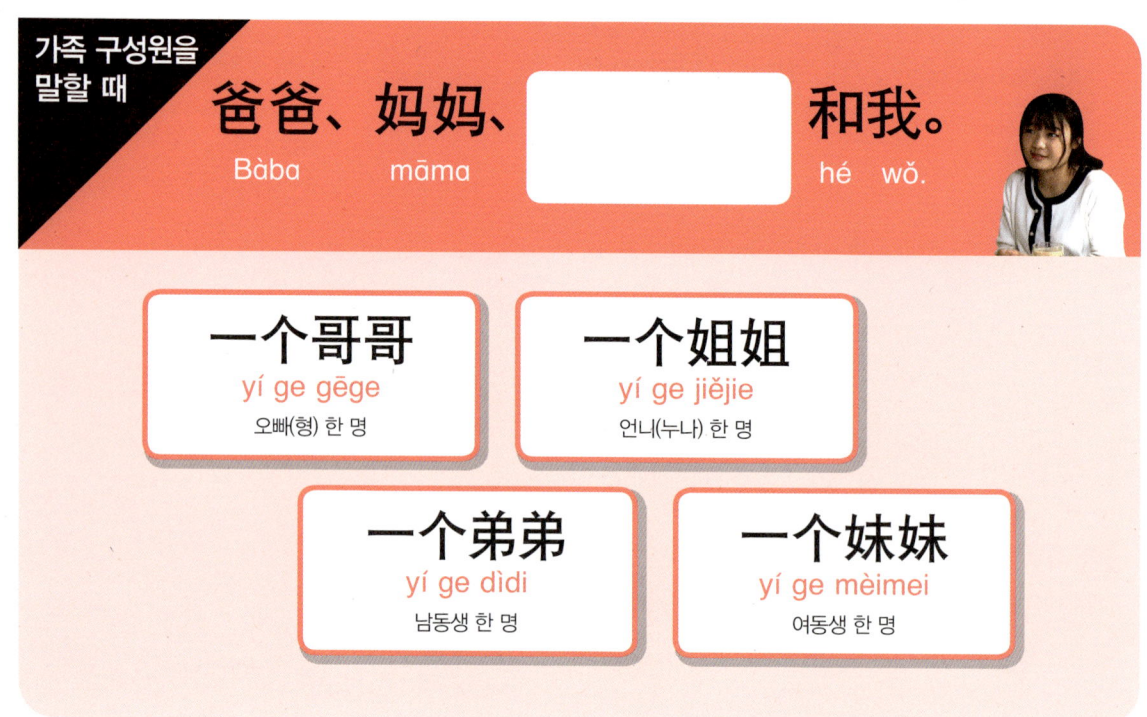

뿜뿜 대화 체험하기

→ 우리말 대본을 참고하여, 아래 영상에서 소리가 빈 부분을 중국어로 말해 보세요.

가족에 관해 묻다

왕후이: 너희 집은 몇 식구야?

유나: 우리 집은 네 식구야.

왕후이: 모두 누가 있어?

유나: 아빠, 엄마, 오빠 한 명이랑 나.

왕후이: 너희 오빠는 몇 살이야?

유나: 오빠는 나보다 다섯 살 많아.

왕후이: 오빠 잘생겼어?

유나: 너만큼 잘생기지 않았어.

왕후이: 오빠는 무슨 일 해?

유나: 오빠는 변호사야.

쏙쏙 문장 만들기

1. 우리말 대화를 보고, 중국어 문장을 완성해 보세요.

    1) A: 너희 집은 몇 식구야?

    你家有_____？

    B: 우리 집은 네 식구야.

    我家有_____。

    2) A: 모두 누가 있어?

    _____？

    B: 아빠, 엄마, 오빠 한 명이랑 나.

    _____、_____、_____我。

2. 주어진 단어를 이용하여, 중국어 문장을 만들어 보세요.

    1) 그는 나보다 다섯 살 많아.

    他 / 大 / 我 / 五 / 岁 / 比
    tā   dà   wǒ   wǔ   suì   bǐ

    ➡ _____

    2) 너만큼 잘생기지 않았어.

    帅 / 没有 / 你
    shuài   méiyǒu   nǐ

    ➡ _____

    3) 그는 무슨 일 해?

    什么 / 做 / 他 / 工作
    shénme   zuò   tā   gōngzuò

    ➡ _____

정답 1. 1) A: 几口人 B: 四口人 2) A: 都有谁 B: 爸爸, 妈妈, 一个哥哥和
2. 1) 他比我大五岁。 2) 没有你帅。 3) 他做什么工作？

 알아 두면 꿀 떨어지는 꿀 표현

다양한 직업을 알아볼까요?

	니 시앙 땅 션머?
넌 뭐가 되고 싶어?	你想当什么?
	Nǐ xiǎng dāng shénme?

	워 시앙 땅 징챠.
난 경찰이 되고 싶어.	我想当警察。
	Wǒ xiǎng dāng jǐngchá.

当 dāng 담당하다, 맡다

회사원
公司职员 gōngsīzhíyuán

선생님
老师 lǎoshī

교수
教授 jiàoshòu

의사
医生 yīshēng

간호사
护士 hùshi

경찰
警察 jǐngchá

군인
军人 jūnrén

기자
记者 jìzhě

운전기사
司机 sījī

엔지니어
工程师 gōngchéngshī

바리스타
咖啡师 kāfēishī

가수
歌手 gēshǒu

배우
演员 yǎnyuán

화가
画家 huàjiā

요리사
厨师 chúshī

13 경험을 묻다

你去过颐和园吗?

상황 왕후이가 유나에게 이허위안(이화원)에 간 적이 있는지 물어봅니다.

등장인물  왕후이   유나(로우나)

상황 관찰하기

강의 보기

대화 내용 확인하기 🎧 음원 듣기 13-1

▶ MP3 음원을 들으며 대화 내용과 발음을 확인해 보세요.

니 취 구어 이허위앤 마?
你去过颐和园吗?

워 하이 메이요우 취 구어.
我还没有去过。

이허위앤 리 쩔 위앤 마?
颐和园离这儿远吗?

부 타이 위앤.
不太远。

쪼우모 워먼 이치 취 왈 바!
周末我们一起去玩儿吧!

하오 아! 이앤웨이띵!
好啊! 一言为定!

하오! 나 워먼 전머 취?
好! 那我们怎么去?

쭈어 꽁꽁치처 취 바.
坐公共汽车去吧。

쪼우모 후이 씨아위 마?
周末会下雨吗?

티앤치 위빠오 슈어 부 후이 씨아위.
天气预报说不会下雨。

문장 익히기 1

니 취 구어 이허위앤 마?
你去过颐和园吗?
Nǐ qù guo Yíhéyuán ma?
너 이허위안(이화원)에 가 봤어?

워 하이 메이요우 취 구어
我还没有去过。
Wǒ hái méiyǒu qù guo.
나 아직 안 가 봤어.

过 guo ~한 적 있다
颐和园 Yíhéyuán 이허위안(이화원)
长城 Chángchéng 만리장성
羊肉串 yángròuchuàn 양꼬치
济州岛 Jìzhōudǎo 제주도

1 경험 말하기 过

- '동사+过 guo'는 '~한 적 있다'라는 뜻으로, 과거의 경험을 나타내요. 목적어는 조사 '过 guo' 뒤에 와요.

니 취 구어 창청 마?
너 만리장성에 가 봤어? **你去过长城吗?**
Nǐ qù guo Chángchéng ma?

워 취 구어 창청.
나 만리장성에 가 봤어. **我去过长城。**
Wǒ qù guo Chángchéng.

니 츠 구어 양로우추안 마?
너 양꼬치 먹어 봤어? **你吃过羊肉串吗?**
Nǐ chī guo yángròuchuàn ma?

워 츠 구어 양로우추안.
나 양꼬치 먹어 봤어. **我吃过羊肉串。**
Wǒ chī guo yángròuchuàn.

- '没(有) méi(yǒu)+동사+过 guo'는 '~한 적 없다'라는 뜻으로, '有 yǒu'는 생략할 수 있어요. '아직 ~한 적 없다'라고 할 때는 동사 앞에 '还 hái'를 넣어 주면 돼요.

워 하이 메이 취 구어 찌쪼우다오.
나 아직 제주도에 안 가 봤어. **我还没去过济州岛。**
Wǒ hái méi qù guo Jìzhōudǎo.

이허위안(이화원)은 베이징에 위치한 정원으로, 옛 중국 황실의 여름 별궁이었어요. 중국 최대 규모를 자랑하는 이곳은 세계 문화유산으로 지정되었을 만큼 아름다운 유람지로 사랑받는 곳이에요.

문장 익히기 ❷

이허위앤 리 쩔 위앤 마?
颐和园离这儿远吗?
Yíhéyuán lí zhèr yuǎn ma?
이허위안(이화원)은 여기에서 멀어?

부 타이 위앤.
不太远。
Bú tài yuǎn.
별로 안 멀어.

离 lí　~로부터
这儿 zhèr　여기
远 yuǎn　멀다
不太 bú tài　그다지 ~하지 않다
药店 yàodiàn　약국
近 jìn　가깝다
水果 shuǐguǒ　과일
新鲜 xīnxiān　신선하다
清楚 qīngchu　분명하다

1 전치사 离

- '离 lí+장소+近 jìn/远 yuǎn'은 '~로부터 가깝다/멀다'라는 의미예요. '这儿 zhèr'은 '여기'이므로, '离这儿远吗? Lí zhèr yuǎn ma?'는 '여기에서 멀어요?'라는 뜻이에요.

약국은 여기에서 멀어?
야오띠앤 리 쩔 위앤 마?
药店离这儿远吗?
Yàodiàn lí zhèr yuǎn ma?

약국은 여기에서 안 멀어.
야오띠앤 리 쩔 뿌 위앤.
药店离这儿不远。
Yàodiàn lí zhèr bù yuǎn.

학교는 너희 집에서 가까워?
쉬에씨아오 리 니 지아 찐 마?
学校离你家近吗?
Xuéxiào lí nǐ jiā jìn ma?

학교는 우리 집에서 가까워.
쉬에씨아오 리 워 지아 헌 찐.
学校离我家很近。
Xuéxiào lí wǒ jiā hěn jìn.

2 형용사 부정문

- '不太 bú tài+형용사'는 '그다지 ~(하)지 않다', '별로 ~(하)지 않다'라는 의미예요.

과일이 별로 안 신선해.
슈이구어 부 타이 씬씨앤.
水果不太新鲜。
Shuǐguǒ bú tài xīnxiān.

'정확히 모르겠어.', '확실치 않아.'라는 표현은 '不太清楚。 Bú tài qīngchu.'라고 해요.

문장 익히기 3

쪼우모 워먼 이치 취 왈 바!
周末我们一起去玩儿吧!
Zhōumò wǒmen yìqǐ qù wánr ba!
주말에 우리 같이 놀러 가자!

하오 아! 이앤웨이띵!
好啊! 一言为定!
Hǎo a! Yìyánwéidìng!
좋아! 약속한 거다!

玩儿 wánr 놀다
一言为定 yìyánwéidìng 한마디로 약속하다
游泳 yóuyǒng 수영하다
唱歌 chànggē 노래 부르다
拍照 pāizhào 사진을 찍다

1 연동문

- '놀러 가다'는 '玩儿去 wánr qù'가 아닌 '去玩儿 qù wánr'이라고 말해요. 이처럼 동사가 2개 이상 연달아 나오는 문장을 '연동문'이라고 하는데, 중국어는 먼저 일어나는 동작부터 말해요.

우리 같이 수영하러 가자.
워먼 이치 취 요우용 바.
我们一起去游泳吧。
Wǒmen yìqǐ qù yóuyǒng ba.

우리 같이 노래 부르러 가자.
워먼 이치 취 창꺼 바.
我们一起去唱歌吧。
Wǒmen yìqǐ qù chànggē ba.

우리 같이 사진 찍으러 가자.
워먼 이치 취 파이짜오 바.
我们一起去拍照吧。
Wǒmen yìqǐ qù pāizhào ba.

2 약속하기

- '一言为定 yìyánwéidìng'은 '한마디로 약속하다'라는 의미의 성어로, '약속했으니 꼭 지켜야 해!' 또는 '다른 말하기 없기다!'라는 의미로 쓰는 말이에요.

정말? 약속한 거다!
쩐더 마? 이앤웨이띵!
真的吗? 一言为定!
Zhēnde ma? Yìyánwéidìng!

'儿'의 원래 발음은 'ér'이지만, 다른 글자 뒤에 붙어 접미사로 쓰일 때는 한어 병음을 'r'만 붙여 줘요. 얼화 발음에 유의하세요.
예 玩 wán + 儿 ér → 玩儿 wánr 왈('n' 발음 탈락함.)

문장 익히기 4

하오! 나 워먼 전머 취?
好！那我们怎么去？
Hǎo! Nà wǒmen zěnme qù?
좋아! 그럼 우리 어떻게 가지?

쭈어 꽁꽁치처 취 바.
坐公共汽车去吧。
Zuò gōnggòngqìchē qù ba.
버스 타고 가자.

怎么 zěnme	어떻게
公共汽车 gōnggòngqìchē	버스
字 zì	글자
西瓜 xīguā	수박
火车 huǒchē	기차
出租车 chūzūchē	택시
骑 qí	타다
办 bàn	하다

1 방법 묻기

- '怎么 zěnme'는 '어떻게'라는 뜻으로, '怎么 zěnme+동사?'는 '어떻게 ~해요?'라고 방법을 물을 때 하는 말이에요.

쩌 거 쯔 전머 두?
이 글자는 어떻게 읽어?   **这个字怎么读？**
Zhè ge zì zěnme dú?

씨꾸아 전머 마이?
수박은 어떻게 팔아요?   **西瓜怎么卖？**
Xīguā zěnme mài?

2 교통수단 타기

- '坐 zuò'는 '앉다'라는 뜻이지만, '(교통수단을) 타다'라는 뜻도 있어요. 주로 앉아서 타는 것을 말해요. '骑 qí'도 같은 뜻인데, 말을 타는 것처럼 다리를 벌려서 타는 것을 말할 때 써요. '坐 zuò/骑 qí+교통수단+去 qù'는 '~을 타고 가다'라는 의미예요. '버스'는 '公交车 gōngjiāochē' 또는 '巴士 bāshì'라고 해요.

쭈어 후어처 취 바.
기차 타고 가자.   **坐火车去吧。**
Zuò huǒchē qù ba.

쭈어 추주처 취 바.
택시 타고 가자.   **坐出租车去吧。**
Zuò chūzūchē qù ba.

치 쯔씽처 취 바.
자전거 타고 가자.   **骑自行车去吧。**
Qí zìxíngchē qù ba.

'怎么办？Zěnmebàn?'은 회화에서 자주 쓰는 말로, '어떡해?'라는 뜻이에요. 또, 상대방의 표정이 안 좋아 보일 때는 '怎么了？ Zěnme le?'(왜 그래요?)'라고 물어요.

문장 익히기 5

쪼우모 후이 씨아위 마?
周末会下雨吗?
Zhōumò huì xiàyǔ ma?
주말에 비가 올까?

티앤치 위빠오 슈어 부 후이 씨아위.
天气预报说不会下雨。
Tiānqì yùbào shuō bú huì xiàyǔ.
일기 예보에서 비 안 올 거라고 했어.

会 huì ~할 것이다
天气 tiānqì 날씨
预报 yùbào 예보
不会 bú huì ~(하)지 않을 것이다
后悔 hòuhuǐ 후회하다
刮风 guāfēng 바람 불다
下雪 xiàxuě 눈 오다

1 추측하기

- 조동사 '会 huì'는 '~할 수 있다'라는 뜻 외에도 '~할 것이다'라는 '추측'의 의미가 있어요. 부정형은 '不会 bú huì'라고 하며, '~(하)지 않을 것이다'라는 뜻이에요.

	타 후이 라이 마?		타 후이 시환 마?
그녀가 올까?	**她会来吗?** Tā huì lái ma?	그녀가 좋아할까?	**她会喜欢吗?** Tā huì xǐhuan ma?
	타 부후이 시환.		타 부 후이 호우후이.
그녀는 좋아하지 않을 거야.	**她不会喜欢。** Tā bú huì xǐhuan.	그녀는 후회하지 않을 거야.	**她不会后悔。** Tā bú huì hòuhuǐ.

- '天气预报说 Tiānqì yùbào shuō'는 '일기 예보에서 말하길'이라는 의미이고, '不会下雨。bú huì xiàyǔ.'는 '비 안 올 거래.'라는 뜻이에요.

	티앤치 위빠오 슈어 밍티앤 후이 꾸아펑.
일기 예보에서 내일 바람 불 거래.	**天气预报说明天会刮风。** Tiānqì yùbào shuō míngtiān huì guāfēng.
	티앤치 위빠오 슈어 밍티앤 부 후이 씨아쉬에.
일기 예보에서 내일 눈 안 올 거래.	**天气预报说明天不会下雪。** Tiānqì yùbào shuō míngtiān bú huì xiàxuě.

회화에서 정말 자주 쓰는 말인 '그럴 리가 없어.', '설마.'라는 표현은 '不会吧。Bú huì ba.'라고 해요.

	부후이 바. 쩐 더 마?
설마. 정말이야?	**不会吧。真的吗?** Bú huì ba. Zhēn de ma?

핵심 패턴 연습하기 음원 듣기 13-2

→ 빈칸에 다양한 표현을 넣어 큰 소리로 연습해 보세요.

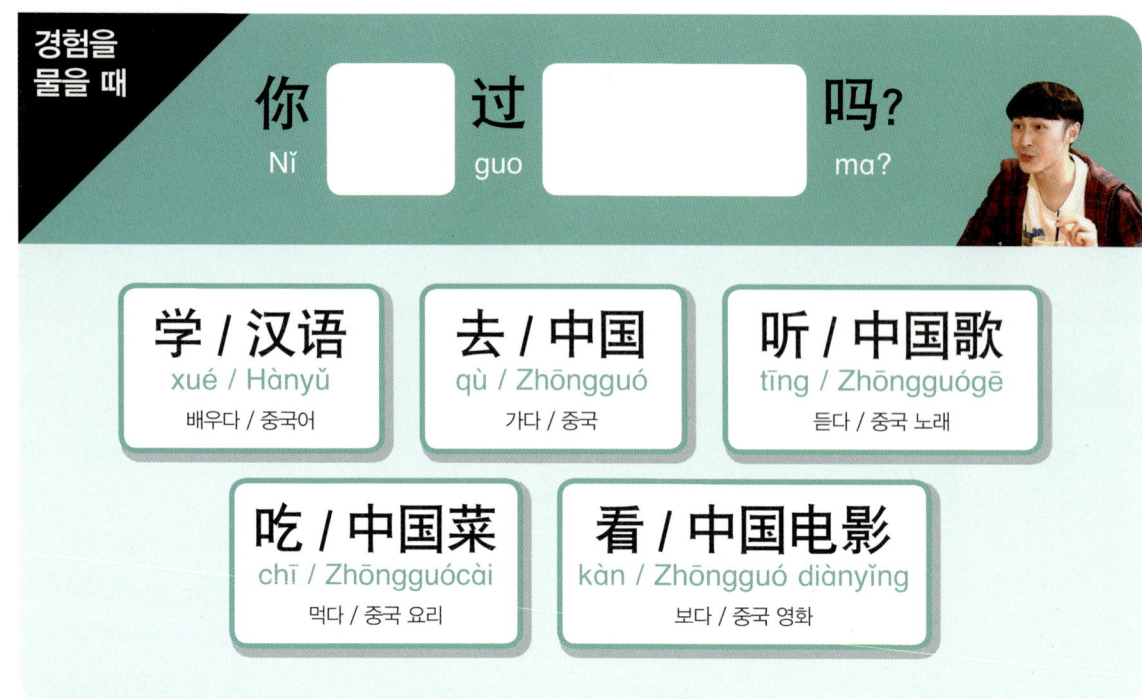

여기에서 머냐고 물을 때

离这儿远吗?
lí zhèr yuǎn ma?

电影院	邮局	博物馆
diànyǐngyuàn	yóujú	bówùguǎn
영화관	우체국	박물관

面包店	便利店
miànbāodiàn	biànlìdiàn
빵집	편의점

그다지 ~하지 않다고 말할 때

不太　　　。
Bú tài

自然	严格	辛苦
zìrán	yángé	xīnkǔ
자연스럽다	엄격하다	수고스럽다

幸福	危险
xìngfú	wēixiǎn
행복하다	위험하다

뿜뿜 대화 체험하기

➔ 우리말 대본을 참고하여, 아래 영상에서 소리가 빈 부분을 중국어로 말해 보세요.

경험을 묻다

- 왕후이: 너 이허위안(이화원)에 가 봤어?
- 유나: 나 아직 안 가 봤어.
- 유나: 이허위안(이화원)은 여기에서 멀어?
- 왕후이: 별로 안 멀어.
- 유나: 주말에 우리 같이 놀러 가자!
- 왕후이: 좋아! 약속한 거다!
- 유나: 좋아! 그럼 우리 어떻게 가지?
- 왕후이: 버스 타고 가자.
- 유나: 주말에 비가 올까?
- 왕후이: 일기 예보에서 비 안 올 거라고 했어.

쏙쏙 문장 만들기

1. 우리말 대화를 보고, 중국어 문장을 완성해 보세요.

   1) A: 너 이허위안(이화원)에 가 봤어?
      _____ 颐和园 _____ ?

      B: 나 아직 안 가 봤어.
      我_____。

   2) A: 이허위안(이화원)은 여기에서 멀어?
      颐和园_____ ?

      B: 별로 안 멀어.
      _____。

2. 주어진 단어를 이용하여, 중국어 문장을 만들어 보세요.

   1) 주말에 우리 같이 놀러 가자!

   我们 / 吧 / 一起 / 玩儿 / 去 / 周末
   wǒmen   ba   yìqǐ   wánr   qù   zhōumò

   ➡ _____

   2) 버스 타고 가자.

   坐 / 吧 / 去 / 公共汽车
   zuò   ba   qù   gōnggòngqìchē

   ➡ _____

   3) 일기 예보에서 비 안 올 거라고 했어.

   天气预报 / 会 / 不 / 下雨 / 说
   tiānqì yùbào   huì   bú   xiàyǔ   shuō

   ➡ _____

정답 1. 1) A: 你去过，吗 B: 还没有去过 2) A: 离这儿远吗 B: 不太远
2. 1) 周末我们一起去玩儿吧！ 2) 坐公共汽车去吧。 3) 天气预报说不会下雨。

알아 두면 꿀 떨어지는 꿀 표현

중국의 수도인 베이징(北京 Běijīng)에는 '만리장성(长城 Chángchéng)'과 '고궁(故宫 Gùgōng)', '톈안먼(天安门 Tiān'ānmén)', '이허위안(颐和园 Yíhéyuán)' 등의 명소 외에도 다양한 매력을 지닌 곳이 많아요.

왕푸징(王府井 Wángfǔjǐng)

베이징에서 가장 번화한 거리로, 쇼핑의 중심가예요. 우리나라의 명동처럼 많은 쇼핑센터와 백화점, 다양한 먹거리가 가득해요.

798예술구(798艺术区 Qījiǔbā yìshùqū)

베이징의 대형 복합 예술 단지로, 우리나라의 파주 헤이리와 비슷한 곳이죠. 임대료가 싼, 버려진 공장 건물에 예술가들이 모여들면서 예술구가 형성되었어요. 다양한 전시관과 대형 조형물, 카페, 아기자기한 상점들이 모여 있어요.

스차하이(什刹海 Shíchàhǎi)

시하이(西海), 호우하이(后海), 치앤하이(前海)의 3개 호수와 그 근방을 가리키는 곳이에요. 중국 전통 거리를 느낄 수 있으며, 특히 밤에는 낭만적인 호수가 어우러진 아름다운 야경을 즐길 수 있어요. 분위기 좋은 바와 카페가 많아 중국 젊은이들의 데이트 장소로도 유명해요.

14 길을 묻다

请问，地铁站在哪儿?

상황 유나가 사람들에게 길을 물어보면서 지하철을 타고 왕푸징에 갑니다.

등장인물 유나(로우나), 행인 1, 2, 3, 4

상황 관찰하기

강의 보기

대화 내용 확인하기 🎧 음원 듣기 14-1

▶ MP3 음원을 들으며 대화 내용과 발음을 확인해 보세요.

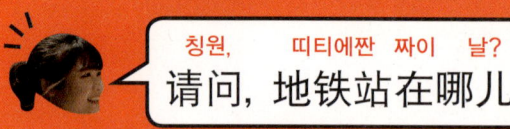
칭원, 띠티에짠 짜이 날?
请问, 地铁站在哪儿?

이즈 왕 치앤 조우, 따오 스쯔루코우 왕 요우 구아이.
一直往前走, 到十字路口往右拐。

---〈지하철역에서〉---

칭원, 취 왕푸징 전머 조우?
请问, 去王府井怎么走?

씨앤 쭈어 쓰 하오쓰앤, 란호우 짜이 씨딴짠 후안 이 하오씨앤.
先坐4号线, 然后在西单站换1号线。

---〈지하철 안에서〉---

칭원 이시아, 따오 왕푸징 하이 요우 지 짠?
请问一下, 到王府井还有几站?

하이 요우 싼 짠.
还有三站。

야오 뚜어창 스지앤?
要多长时间?

따까이 야오 스 펀쭝.
大概要十分钟。

---〈지하철에서 나와서〉---

칭원, 바이후어상띠앤 짜이 날?
请问, 百货商店在哪儿?

꾸어 마루, 뚜이미앤 나 쭈어 로우 찌우 스.
过马路, 对面那座楼就是。

문장 익히기 1

칭원,　띠티에짠 짜이　날?
请问，地铁站在哪儿?
Qǐngwèn, dìtiězhàn zài nǎr?
실례지만, 지하철역은 어디에 있나요?

이즈　왕 치앤 조우,
一直往前走，
Yìzhí wǎng qián zǒu,
앞으로 쭉 가다가,

따오　스쯔루코우　왕 요우 구아이.
到十字路口往右拐。
dào shízìlùkǒu wǎng yòu guǎi.
사거리에서 우회전하세요.

- 地铁站 dìtiězhàn 지하철역
- 一直 yìzhí 계속, 줄곧
- 往 wǎng ~쪽으로
- 前 qián 앞
- 走 zǒu 걷다, 가다
- 到 dào 도달하다, 도착하다
- 十字路口 shízìlùkǒu 사거리
- 右 yòu 오른쪽
- 拐 guǎi 돌다
- 车站 chēzhàn 정류장
- 洗手间 xǐshǒujiān 화장실
- 丁字路口 dīngzìlùkǒu 삼거리
- 左 zuǒ 왼쪽

1 길 묻기 ①

- '地铁 dìtiě'는 '지하철', '站 zhàn'은 동사로는 '서다', 명사로는 차가 서는 곳인 '역', '정류장'을 의미해요. 길을 물어볼 때는 '장소+在哪儿? zài nǎr?'로 물어보면 돼요.

정류장은 어디에 있나요?
처짠 짜이　날?
车站在哪儿?
Chēzhàn zài nǎr?

화장실은 어디에 있나요?
씨쇼우찌앤 짜이　날?
洗手间在哪儿?
Xǐshǒujiān zài nǎr?

2 길 알려 주기

- '往 wǎng+방향'은 '~쪽으로'라는 뜻이에요. '一直往前走。Yìzhí wǎng qián zǒu.'는 '계속 앞쪽으로 가세요.'라는 뜻이고, '到十字路口往右拐。dào shízìlùkǒu wǎng yòu guǎi.'는 '사거리에 도착해서 오른쪽으로 도세요.'라는 뜻이에요. '十字路口 shízìlùkǒu'는 '十자 모양의 교차로'이므로 '사거리'를 뜻해요. '삼거리'는 '丁字路口 dīngzìlùkǒu'라고 하는데, '丁자 모양의 교차로'라는 의미예요.

앞으로 쭉 가다가, 삼거리에서 왼쪽으로 도세요.
이즈　왕 치앤 조우, 따오 띵쯔루코우　왕 주어 구아이.
一直往前走，到丁字路口往左拐。
Yìzhí wǎng qián zǒu, dào dīngzìlùkǒu wǎng zuǒ guǎi.

'바로 도착해요.'라는 표현은 '就到了。jiù dào le.'라고 해요.

앞쪽으로 쭉 가시면, 바로 도착해요.
이즈 왕 치앤 조우, 찌우 따오 러.
一直往前走，就到了。
Yìzhí wǎng qián zǒu, jiù dào le.

문장 익히기 ❷

칭원, 취 왕푸징 전머 조우?
请问，去王府井怎么走？
Qǐngwèn, qù Wángfǔjǐng zěnme zǒu?
실례지만, 왕푸징에 어떻게 가요?

씨앤 쭈어 쓰 하오씨앤, 란호우 짜이 씨딴짠 후안 이 하오씨앤.
先坐4号线，然后在西单站换1号线。
Xiān zuò sì hàoxiàn, ránhòu zài Xīdānzhàn huàn yī hàoxiàn.
먼저 4호선을 타고, 그다음에 시단역에서 1호선으로 갈아타세요.

王府井 Wángfǔjǐng	왕푸징
号线 hàoxiàn	호선
然后 ránhòu	그다음에
西单站 Xīdānzhàn	시단역
换 huàn	환승하다, 바꾸다
天坛 Tiāntán	천단
动物园 dòngwùyuán	동물원
东单站 Dōngdānzhàn	동단역
路 lù	노선
复兴门 Fùxīngmén	푸씽먼

1 길 묻기 ②

- '去 qù+장소+怎么走? zěnme zǒu?'는 '~에 가려는데 어떻게 가요?'라는 의미예요. '去'를 생략하고 간단히 '장소+怎么走? zěnme zǒu?'라고 물어도 돼요.

천단에 어떻게 가요?
취 티앤탄 전머 조우?
去天坛怎么走？
Qù Tiāntán zěnme zǒu?

동물원에 어떻게 가요?
똥우위앤 전머 조우?
动物园怎么走？
Dòngwùyuán zěnme zǒu?

2 순서대로 말하기

- 순서를 말할 때는 '先 xiān+A, 然后 ránhòu+B'라고 해서 '먼저 A, 그다음에 B'라는 의미를 표현해요. '换1号线。huàn yī hàoxiàn.'은 '1호선으로 갈아타세요.'라는 표현이에요.

먼저 1호선을 타고, 그다음에 동단역에서 5호선으로 갈아타세요.
씨앤 쭈어 이 하오씨앤, 란호우 짜이 똥딴짠 후안 우 하오씨앤.
先坐1号线，然后在东单站换5号线。
Xiān zuò yī hàoxiàn, ránhòu zài Dōngdānzhàn huàn wǔ hàoxiàn.

아하!

- '去 qù'와 '走 zǒu'는 모두 '가다'라는 뜻이지만, 차이점이 있어요. '去' 뒤에는 장소 목적어가 올 수 있지만, '走' 뒤에는 올 수 없어요. 그리고 '走'에는 '걷다', '떠나다'라는 의미도 있어요.

- 버스 번호를 말할 때는 '~路 lù'라고 해요. 백 단위 이상의 번호는 숫자를 하나씩 끊어서 읽고, 1은 'yāo'라고 발음해요.

먼저 15번을 타고, 그다음에 푸씽먼에서 201번으로 갈아타세요.
씨앤 쭈어 스우 루, 란호우 짜이 푸씽먼 후안 얼링야오 루.
先坐15路，然后在复兴门换201路。
Xiān zuò shíwǔ lù, ránhòu zài Fùxīngmén huàn èrlíngyāo lù.

문장 익히기 ③

칭원 이시아, 따오 왕푸징 하이 요우 지 짠?
请问一下，到王府井还有几站？
Qǐngwèn yíxià, dào Wángfǔjǐng hái yǒu jǐ zhàn?
말씀 좀 여쭐게요, 왕푸징까지 몇 정거장 남았나요?

하이 요우 싼 짠.
还有三站。
Hái yǒu sān zhàn.
세 정거장 남았어요.

到 dào　～까지
站 zhàn　정류장, 역
弘大 hóngdà　홍대
天安门 Tiān'ānmén　천안문
上车 shàngchē　차에 타다
下车 xiàche　차에서 내리다
换车 huànchē　갈아타다

1 전치사 到

- '말씀 좀 여쭐게요.'라고 가볍게 묻고 싶을 때는 '동사+一下 yíxià'의 형태를 써서 '请问一下。Qǐngwèn yíxià.'라고 해요. '到 dào'는 동사로는 '도착하다'라는 뜻이지만, 전치사일 때는 '～까지'라는 뜻이므로 '到王府井 dào Wángfǔjǐng'은 '왕푸징까지'라고 풀이해요. '还有几站? hái yǒu jǐ zhàn?'에서 '还 hái'는 '또', '더'라는 뜻의 부사로, '还有 hái yǒu'는 '더 있다'라는 의미예요. '还有 háiyǒu'가 접속사일 때는 '그리고'라는 뜻이에요.

홍대까지 몇 정거장 남았어?
따오 홍따 하이 요우 지 짠?
到弘大还有几站？
Dào Hóngdà hái yǒu jǐ zhàn?

한 정거장 남았어.
하이 요우 이 짠.
还有一站。
Hái yǒu yí zhàn.

버스나 지하철을 탈 때 어디에서 타는지, 어디에서 내리는지 물어보는 표현을 알아볼까요?

톈안먼(천안문)에 가려고 하는데요, 어디에서 차를 타나요?
워 야오 취 티앤안먼, 짜이 날 상처?
我要去天安门，在哪儿上车？
Wǒ yào qù Tiān'ānmén, zài nǎr shàngchē?

톈안먼(천안문)에 가려고 하는데요, 어디에서 내리나요?
워 야오 취 티앤안먼, 짜이 날 씨아처?
我要去天安门，在哪儿下车？
Wǒ yào qù Tiān'ānmén, zài nǎr xiàchē?

톈안먼(천안문)에 가려고 하는데요, 어디에서 갈아타나요?
워 야오 취 티앤안먼, 짜이 날 후안처?
我要去天安门，在哪儿换车？
Wǒ yào qù Tiān'ānmén, zài nǎr huànchē?

문장 익히기 4

 야오 뚜어창 스지앤?
要多长时间?
Yào duōcháng shíjiān?
시간이 얼마나 걸리나요?

 따까이 야오 스 펀쫑.
大概要十分钟。
Dàgài yào shí fēnzhōng.
대략 10분 걸려요.

多长时间 duōcháng shíjiān (시간이) 얼마나
大概 dàgài 아마도, 대략
分钟 fēnzhōng 분(시간의 길이)
从 cóng ~부터
上海 Shànghǎi 상하이(상해)
小时 xiǎoshí 시간(시간의 길이)

1 얼마나 걸리는지 묻기

- '多长时间? duōcháng shíjiān?'은 '(시간이) 얼마나?'라는 의미로, 시간의 길이를 물어보는 말이에요. 동사 '要 yào'는 '필요하다'라는 뜻이므로, '要多长时间? Yào duōcháng shíjiān?'은 '시간이 얼마나 필요해요?', 즉 '시간이 얼마나 걸려요?'라고 묻는 표현이에요.

베이징에서 상하이까지 시간이 얼마나 걸려?
총 베이징 따오 샹하이 야오 뚜어창 스지앤?
从北京到上海要多长时间?
Cóng Běijīng dào Shànghǎi yào duōcháng shíjiān?

2 시간의 길이

- '몇 시 몇 분'이라고 특정 시각을 말할 때 쓰이는 '분'은 '分 fēn'이죠? 이와 달리 '分钟 fēnzhōng'은 시간의 길이를 나타낼 때 쓰이는 '분'이에요. '시간'은 '小时 xiǎoshí'라고 하는데, '한 시간'은 '一个小时 yí ge xiǎoshí'라고 해요.

대략 삼십 분 걸려.
따까이 야오 싼스 펀쫑.
大概要三十分钟。
Dàgài yào sānshí fēnzhōng.

대략 두 시간 걸려.
따까이 야오 리양 거 시아오스.
大概要两个小时。
Dàgài yào liǎng ge xiǎoshí.

'30분'은 '三十分钟 sānshí fēnzhōng' 또는 '半个小时 bàn ge xiǎoshí'라고 해요. '한 시간 반'은 '一个小时半 yí ge xiǎoshí bàn'이 아닌 '一个半小时 yí ge bàn xiǎoshí'예요.

문장 익히기 ⑤

칭원,　　바이후어샹띠앤 짜이 날?
请问，百货商店在哪儿?
Qǐngwèn, bǎihuòshāngdiàn zài nǎr?
실례지만, 백화점이 어디에 있나요?

꾸어 마루,　　뚜이미앤 나 쭈어 로우 찌우 스.
过马路，对面那座楼就是。
Guò mǎlù, duìmiàn nà zuò lóu jiù shì.
도로를 건너서, 바로 맞은편 저 건물이에요.

百货商店 bǎihuòshāngdiàn　백화점
过 guò　건너다
马路 mǎlù　도로, 찻길
对面 duìmiàn　맞은편, 건너편
座 zuò　동, 채(단위)
楼 lóu　건물
斑马线 bānmǎxiàn　횡단보도
前面 qiánmiàn　앞쪽
红绿灯 hónglǜdēng　신호등
右面 yòumiàn　오른쪽

1 장소 알려 주기

- '过'가 동사 뒤에 쓰여 '~한 적 있다'라는 뜻일 때는 경성(guo)으로 발음했는데, 동사로 '건너다'라는 뜻일 때는 4성(guò)으로 발음해요. '座 zuò'는 큰 건물을 세는 단위로, '那座楼 nà zuò lóu'는 '저 건물'이라는 뜻이에요. '对面那座楼就是(百货商店)。Duìmiàn nà zuò lóu jiù shì(bǎihuòshāngdiàn).'는 '百货商店'이 생략된 말로, '맞은편 저 건물이 바로 백화점이에요.'라는 뜻이에요.

횡단보도를 건너서, 바로 앞쪽 저 건물이야.
꾸어 빤마씨앤,　치앤미앤 나 쭈어 로우 찌우 스.
过斑马线，前面那座楼就是。
Guò bānmǎxiàn, qiánmiàn nà zuò lóu jiù shì.

신호등을 건너서, 바로 오른쪽 저 건물이야.
꾸어 훙뤼떵,　요우미앤 나 쭈어 로우 찌우 스.
过红绿灯，右面那座楼就是。
Guò hónglǜdēng, yòumiàn nà zuò lóu jiù shì.

아하!

방향을 나타내는 방위사에 '~面 miàn' 이나 '~边 bian'을 붙여 주면 합성 방위사가 되어 '~쪽'이라는 의미가 돼요.

	방위사		합성 방위사	
앞	前 qián	앞쪽	前面 qiánmiàn	前边 qiánbian
뒤	后 hòu	뒤쪽	后面 hòumiàn	后边 hòubian
위	上 shàng	위쪽	上面 shàngmiàn	上边 shàngbian
아래	下 xià	아래쪽	下面 xiàmiàn	下边 xiàbian
왼쪽	左 zuǒ	왼쪽	左面 zuǒmiàn	左边 zuǒbian
오른쪽	右 yòu	오른쪽	右面 yòumiàn	右边 yòubian
안	里 lǐ	안쪽	里面 lǐmiàn	里边 lǐbian
밖	外 wài	바깥쪽	外面 wàimiàn	外边 wàibian

핵심 패턴 연습하기 음원 듣기 14-2

➡ 빈칸에 다양한 표현을 넣어 큰 소리로 연습해 보세요.

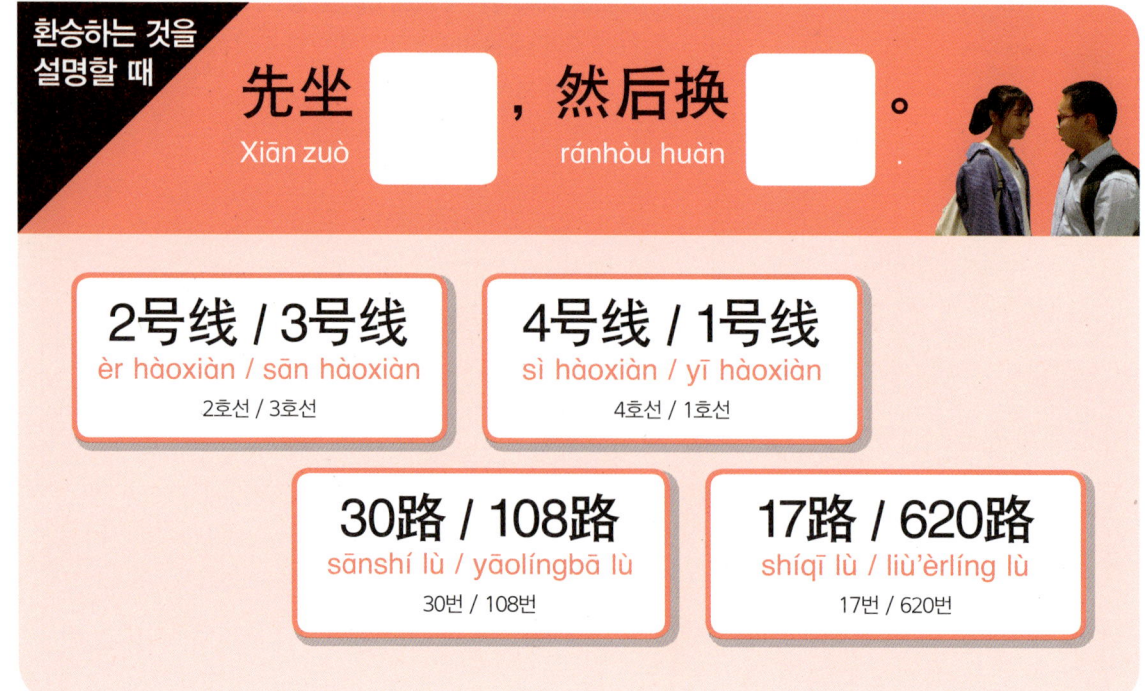

뿜뿜 대화 체험하기

➡ 우리말 대본을 참고하여, 아래 영상에서 소리가 빈 부분을 중국어로 말해 보세요.

길을 묻다

유나: 실례지만, 지하철역은 어디에 있나요?

행인1: 앞으로 쭉 가다가, 사거리에서 우회전하세요.

유나: 실례지만, 왕푸징에 어떻게 가요?

행인2: 먼저 4호선을 타고, 그다음에 시단역에서 1호선으로 갈아타세요.

유나: 말씀 좀 여쭐게요, 왕푸징까지 몇 정거장 남았나요?

행인3: 세 정거장 남았어요.

유나: 시간이 얼마나 걸리나요?

행인3: 대략 10분 걸려요.

유나: 실례지만, 백화점이 어디에 있나요?

행인4: 도로를 건너서, 바로 맞은편 저 건물이에요.

쏙쏙 문장 만들기

1. 우리말 대화를 보고, 중국어 문장을 완성해 보세요.

    1) A: 왕푸징까지 몇 정거장 남았나요?

    _____王府井_____?

    B: 세 정거장 남았어요.

    _____。

    2) A: 시간이 얼마나 걸리나요?

    _____?

    B: 대략 10분 걸려요.

    大概_____。

2. 주어진 단어를 이용하여, 중국어 문장을 만들어 보세요.

    1) 사거리에서 우회전하세요.

    十字路口 / 往 / 右 / 到 / 拐
    shízìlùkǒu   wǎng yòu dào guǎi

    ▶ _____

    2) 그 다음에 시단역에서 1호선으로 갈아타세요.

    西单站 / 1号线 / 然后 / 在 / 换
    Xīdānzhàn yī hàoxiàn ránhòu zài huàn

    ▶ _____

    3) 바로 맞은편 저 건물이에요.

    是 / 那 / 楼 / 座 / 就 / 对面
    shì   nà   lóu   zuò   jiù   duìmiàn

    ▶ _____

정답 1. 1) A: 到, 还有几站 B: 还有三站 2) A: 要多长时间 B: 要十分钟
2. 1) 到十字路口往右拐。 2) 然后在西单站换1号线。 3) 对面那座楼就是。

알아 두면 꿀 떨어지는 꿀 표현

쇼핑할 때나 음식점에서 계산할 때 알아 두면 도움이 되는 표현들이에요.

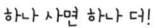
하나 사면 하나 더!
원 플러스 원

마이 이 쏭 이
买一送一
mǎi yī sòng yī

그냥 드려요~
공짜

미앤페이
免费
miǎnfèi

A세트로 주세요.

워 야오 A 타오찬.
我要A套餐。
Wǒ yào A tàocān.

여기서 드시겠습니까, 가져가시겠습니까?

짜이 쩔 츠 하이스 따이 조우?
在这儿吃还是带走？
Zài zhèr chī háishi dài zǒu?

가져갈게요. 포장해 주세요.

워 야오 따이 조우. 칭 빵 워 다빠오.
我要带走。请帮我打包。
Wǒ yào dài zǒu. Qǐng bāng wǒ dǎbāo.

계산해 주세요.

칭 빵 워 지에짱.
请帮我结账。
Qǐng bāng wǒ jiézhàng.

제가 (당신의 QR코드를) 찍을게요.

워 싸오 니.
我扫你。
Wǒ sǎo nǐ.

현금으로 계산할게요.

워 푸 씨앤찐
我付现金。
Wǒ fù xiànjīn.

打包 dǎbāo 포장하다
结账 jiézhàng 계산하다
现金 xiànjīn 현금

상대방의 계획을 묻다

상황 관찰하기

你打算什么时候回国?

상황 왕후이가 유나에게 중국에 온 이유와 언제 귀국할 예정인지 물어봅니다.

등장인물  왕후이  유나(로우나)

강의 보기

대화 내용 확인하기 음원 듣기 15-1

> MP3 음원을 들으며 대화 내용과 발음을 확인해 보세요.

니 웨이션머 라이 쭝구어?
你为什么来中国?

웨이러 쉬에 한위.
为了学汉语。

니 한위 슈어 더 헌 하오!
你汉语说得很好!

메이요우, 하이 차 더 위앤 너.
没有，还差得远呢。

니 다쑤안 션머스호우 후이구어?
你打算什么时候回国?

워 다쑤안 밍니앤 이 위에 후이구어.
我打算明年一月回国。

후이구어 이호우 니 다쑤안 쭈어 션머?
回国以后你打算做什么?

워 다쑤안 자오 꽁쭈어.
我打算找工作。

짜이 한구어 자오 꽁쭈어 난 마?
在韩国找工作难吗?

껀 쭝구어 이양, 위에라이위에 난.
跟中国一样，越来越难。

문장 익히기 １

니 웨이션머 라이 쫑구어?
你为什么来中国?
Nǐ wèishénme lái Zhōngguó?
넌 왜 중국에 온 거야?

웨이러 쉬에 한위.
为了学汉语。
Wèile xué Hànyǔ.
중국어 공부하려고.

为什么 wèishénme	왜
为了 wèile	～을 (하기) 위하여
学 xué	배우다, 학습하다
迟到 chídào	지각하다
因为 yīnwèi	왜냐하면, ～때문에
堵车 dǔchē	차가 막히다
所以 suǒyǐ	그래서
努力 nǔlì	노력하다, 열심히 하다
梦想 mèngxiǎng	꿈

1 의문사 为什么

- '为什么 wèishénme'는 '왜', '무엇 때문에'라는 뜻의 의문 대명사로, 이유를 물어보는 표현이에요. 단독으로 '为什么? wèishénme?'라고 물어도 되고, '为什么 wèishénme+동사?'로 물을 수도 있어요. 원인을 말하고 싶을 때는 '因为 yīnwèi～, 所以 suǒyǐ～(왜냐하면～, 그래서～)'의 형식으로 말해요.

너 왜 지각했어?
니 웨이션머 츠따오 러?
你为什么迟到了?
Nǐ wèishénme chídào le?

차가 막혀서 지각했어.
인웨이 두처   쑤어이 츠따오 러.
因为堵车, 所以迟到了。
Yīnwèi dǔchē, suǒyǐ chídào le.

2 전치사 为了

- '为了 wèile'는 '～을 (하기) 위하여'라는 뜻으로, 목적을 나타내는 표현이에요.

넌 왜 열심히 공부해?
니 웨이션머   누리 쉬에시?
你为什么努力学习?
Nǐ wèishénme nǔlì xuéxí?

내 꿈을 위해서.
웨이러 워 더 멍시앙.
为了我的梦想。
Wèile wǒ de mèngxiǎng.

중국인들은 중국어를 '中国语 Zhōngguóyǔ'라고 하지 않고, '한족이 사용하는 언어'라는 의미로 '汉语 Hànyǔ'라고 해요. '中国语'라는 표현은 중국인이 아닌 외국인이 쓰는 표현이에요.

문장 익히기

> 니 한위 슈어더 헌 하오!
> **你汉语说得很好!**
> Nǐ Hànyǔ shuō de hěn hǎo!
> 너 중국어 잘한다!
>
> 메이요우, 하이 차 더 위앤 너.
> **没有，还差得远呢。**
> Méiyǒu, hái chà de yuǎn ne.
> 아니야. 아직 멀었어.

得 de 구조 조사
呢 ne 어기 조사
考试 kǎoshì 시험, 시험을 보다
考 kǎo (시험을) 보다

1 정도 보어

- '说得很好 shuō de hěn hǎo'는 '말하는 실력이 매우 좋다'라는 뜻이에요. 이렇게 동사나 형용사 뒤에서 그 정도를 표현하는 말을 '정도 보어'라고 하는데, 동사/형용사와 정도 보어 사이에는 구조 조사 '得 de'가 들어가요. 목적어가 있을 때는 '(동사)+목적어+동사+得+정도 보어'의 형식으로 말하는데, 앞에 나오는 첫 번째 동사는 생략할 수 있어요. 부정형은 정도 보어 앞에 '不 bù'를 넣어 줘요.

나 시험 잘 봤어.
워 카오스 카오 더 헌 하오.
我考试考得很好。
Wǒ kǎoshì kǎo de hěn hǎo.

나 시험 못 봤어.
워 카오스 카오 더 뿌 하오.
我考试考得不好。
Wǒ kǎoshì kǎo de bù hǎo.

2 겸손의 표현

- 칭찬에 대한 겸손한 대답은 '没有。Méiyǒu.(아니에요.)' 또는 '哪儿啊。Nǎr a.(어딜요.)'라고 해요. '还差得远呢。Hái chà de yuǎn ne.'는 정도 보어를 써서 말한 것으로, '差 chà'는 '모자라다', '远 yuǎn'은 '멀다'라는 뜻이므로 '아직 실력이 모자라요.' 또는 '아직 멀었어요.'라는 의미예요. 어기 조사 '呢 ne'는 문장 끝에서 말투를 부드럽게 해 줘요.

정도 보어 의문문은 문장 끝에 '吗 ma'를 붙이거나, 정반 의문문으로 묻거나, '怎么样? zěnmeyàng?(어때요?)'을 붙여서 물어요.

너 시험 잘 봤어?	니 카오스 카오 더 하오 마? **你考试考得好吗?** Nǐ kǎoshì kǎo de hǎo ma?	니 카오스 카오 더 하오 부 하오? **你考试考得好不好?** Nǐ kǎoshì kǎo de hǎo bu hǎo?
너 시험 본 건 어때?	니 카오스 카오 더 전머양? **你考试考得怎么样?** Nǐ kǎoshì kǎo de zěnmeyàng?	

문장 익히기 ❸

니 다쑤안 션머스호우 후이구어?
你打算什么时候回国?
Nǐ dǎsuàn shénmeshíhou huíguó?
너 언제 귀국할 계획이야?

워 다쑤안 밍니앤 이 위에 후이구어.
我打算明年一月回国。
Wǒ dǎsuàn míngnián yī yuè huíguó.
나 내년 1월에 귀국할 계획이야.

| 打算 dǎsuàn ~할 계획이다, 계획
| 什么时候 shénmeshíhou 언제
| 明年 míngnián 내년
| 参加 cānjiā 참가하다
| 网球 wǎngqiú 테니스
| 比赛 bǐsài 경기
| 开车 kāichē 운전하다
| 时候 shíhou 때, 무렵
| 音乐 yīnyuè 음악

1 조동사 打算

- '打算 dǎsuàn'은 '~할 계획이다', '~할 것이다'라는 의미의 조동사예요. 조동사 뒤에는 동사가 와요. '打算'은 명사로 '계획'이라는 뜻도 있어요.

저는 테니스 경기에 참가할 계획이에요.
워 다쑤안 찬지아 왕치우 비싸이.
我打算参加网球比赛。
Wǒ dǎsuàn cānjiā wǎngqiú bǐsài.

너 무슨 계획 있어?
니 요우 션머 다쑤안?
你有什么打算?
Nǐ yǒu shénme dǎsuàn?

2 의문사 什么时候

- '时候 shíhou'는 '~때'라는 의미로, '什么时候 shénmeshíhou'는 '어느 때', 즉 '언제'라고 시간을 묻는 의문 대명사예요.

넌 언제 결혼할 계획이야?
니 다쑤안 션머스호우 지에훈?
你打算什么时候结婚?
Nǐ dǎsuàn shénmeshíhou jiéhūn?

난 내년 5월에 결혼할 계획이야.
워 다쑤안 밍니앤 우 위에 지에훈.
我打算明年五月结婚。
Wǒ dǎsuàn míngnián wǔ yuè jiéhūn.

'~的时候 de shíhou'는 '~할 때'라는 의미예요.

난 운전할 때 음악을 들어.
워 카이처 더 스호우 팅 인위에.
我开车的时候听音乐。
Wǒ kāichē de shíhou tīng yīnyuè.

문장 익히기 4

후이구어 이호우 니 다쑤안 쭈어 션머?
回国以后你打算做什么?
Huíguó yǐhòu nǐ dǎsuàn zuò shénme?
귀국한 다음에 너 뭐 할 거야?

워 다쑤안 자오 꽁쭈어.
我打算找工作。
Wǒ dǎsuàn zhǎo gōngzuò.
나 일자리를 구할 거야.

毕业 bìyè 졸업하다
就业 jiùyè 취직하다
公务员 gōngwùyuán 공무원
做生意 zuò shēngyi 사업하다

1 계획 묻고 답하기

- '~以后 yǐhòu'는 '~한 이후'라는 의미이고, '你打算做什么? Nǐ dǎsuàn zuò shénme?'는 '뭘 할 계획이에요?', 즉 '뭐 할 거예요?'라고 계획을 물어보는 말이에요. '找 zhǎo'는 '거슬러 주다'라는 뜻도 있지만, '찾다'라는 의미도 있죠? '找工作 zhǎo gōngzuò'는 '일자리를 찾다'라는 의미예요.

졸업한 다음에 너 뭐 할 거야?	삐이에 이호우 니 다쑤안 쭈어 션머? **毕业以后你打算做什么?** Bìyè yǐhòu nǐ dǎsuàn zuò shénme?
나는 취업할 거야.	워 다쑤안 찌우이에. **我打算就业。** Wǒ dǎsuàn jiùyè.
나는 공무원 시험을 볼 거야.	워 다쑤안 카오 꽁우위앤. **我打算考公务员。** Wǒ dǎsuàn kǎo gōngwùyuán.
나는 사업할 거야.	워 다쑤안 쭈어 셩이. **我打算做生意。** Wǒ dǎsuàn zuò shēngyi.

해외에서 유학하고 국내로 돌아온 사람을 '海归 hǎiguī(해외에서 돌아온 사람)'라고 하는데, '海龟 hǎiguī(바다거북)'와 발음이 같아서 해외 유학파를 '海龟'라고 표현하기도 해요.

문장 익히기 5

짜이 한구어 자오 꽁쭈어 난 마?
在韩国找工作难吗?
Zài Hánguó zhǎo gōngzuò nán ma?
한국에서 일자리 구하는 거 힘들어?

껀 쭝구어 이양, 위에라이위에 난.
跟中国一样，越来越难。
Gēn Zhōngguó yíyàng, yuèláiyuè nán.
중국과 같이 점점 힘들어.

跟 gēn ～와, ～과
一样 yíyàng 같다
越来越 yuèláiyuè 점점 ～하다
手表 shǒubiǎo 손목시계
有意思 yǒuyìsi 재미있다
英语 yīngyǔ 영어
越 yuè ～할수록

1 一样 비교문

- 'A+跟 gēn+B+一样 yíyàng'은 'A는 B와 같다'라는 표현이에요. '(韩国)跟中国一样 (Hánguó) gēn Zhōngguó yíyàng'은 '(한국은) 중국과 같다'라는 의미예요. 'A+跟 gēn+B+一样 yíyàng+형용사'는 'A는 B와 같이 ～하다'라는 표현이고, 부정형은 'A+跟 gēn+B+不一样 bù yíyàng(A는 B와 같지 않다)'예요.

너의 시계는 내 시계와 같아.
니 더 쇼우비아오 껀 워 더 쇼우비아오 이양.
你的手表跟我的手表一样。
Nǐ de shǒubiǎo gēn wǒ de shǒubiǎo yíyàng.

그는 너와 키가 같아.
타 껀 니 이양 까오.
他跟你一样高。
Tā gēn nǐ yíyàng gāo.

나는 그녀와 달라.
워 껀 타 뿌 이양.
我跟她不一样。
Wǒ gēn tā bù yíyàng.

2 점점 ～하다

- '越来越 yuèláiyuè+형용사'는 '점점 ～하다'라는 표현이에요.

중국어 공부는 점점 재미있어.
쉬에 한위 위에라이위에 요우이쓰.
学汉语越来越有意思。
Xué Hànyǔ yuèláiyuè yǒuyìsi.

'越 yuè+동사/형용사+越 yuè+형용사'는 '～할수록 ～하다'라는 표현이에요. 함께 알아 두세요.

영어는 배울수록 어려워.
잉위 위에 쉬에 위에 난.
英语越学越难。
Yīngyǔ yuè xué yuè nán.

핵심 패턴 연습하기 음원 듣기 15-2

➔ 빈칸에 다양한 표현을 넣어 큰 소리로 연습해 보세요.

뿜뿜 대화 체험하기

➜ 우리말 대본을 참고하여, 아래 영상에서 소리가 빈 부분을 중국어로 말해 보세요.

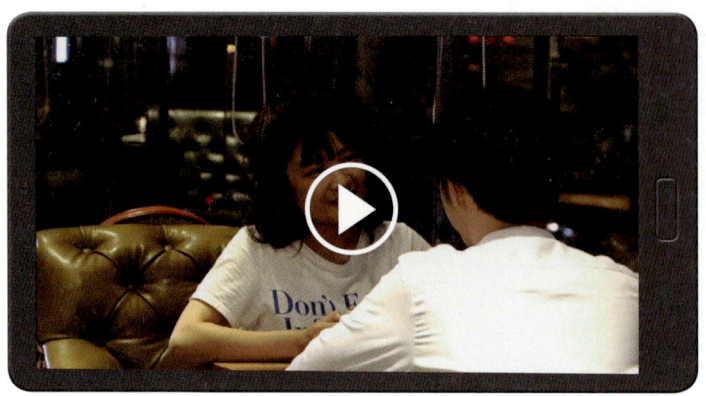

상대방의 계획을 묻다

왕후이 넌 왜 중국에 온 거야?

중국어 공부하려고. **유나**

왕후이 너 중국어 잘한다!

아니야. 아직 멀었어. **유나**

왕후이 너 언제 귀국할 계획이야?

나 내년 1월에 귀국할 계획이야. **유나**

왕후이 귀국한 다음에 너 뭐 할 거야?

나 일자리를 구할 거야. **유나**

왕후이 한국에서 일자리 구하는 거 힘들어?

중국과 같이 점점 힘들어. **유나**

쓱쓱 문장 만들기

1. 우리말 대화를 보고, 중국어 문장을 완성해 보세요.

    1) A: 넌 왜 중국에 온 거야?

    你_____?

    B: 중국어 공부하려고.

    _____。

    2) A: 너 중국어 잘한다!

    你汉语_____!

    B: 아니야. 아직 멀었어.

    _____, _____。

2. 주어진 단어를 이용하여, 중국어 문장을 만들어 보세요.

    1) 나 내년 1월에 귀국할 계획이야.

    明年 / 回国 / 打算 / 一月 / 我
    míngnián huíguó dǎsuàn yī yuè wǒ

    ➡ _____

    2) 한국에서 일자리 구하는 거 힘들어?

    吗 / 韩国 / 在 / 工作 / 找 / 难
    ma Hánguó zài gōngzuò zhǎo nán

    ➡ _____

    3) 중국과 같이 점점 힘들어.

    中国 / 跟 / 难 / 越来越 / 一样
    Zhōngguó gēn nán yuèláiyuè yíyàng

    ➡ _____

정답 1. 1) A: 为什么来中国 B: 为了学汉语 2) A: 说得很好 B: 没有, 还差得远呢
2. 1) 我打算明年一月回国。 2) 在韩国找工作难吗？ 3) 跟中国一样, 越来越难。

 **알아 두면 꿀 떨어지는 꿀 표현**

나라 이름과 각 나라의 언어를 알아볼까요?

	니 웨이션머 취 한구어.
너 왜 한국에 가?	你为什么去韩国?
	Nǐ wèishénme qù Hánguó.

	웨이러 쉬에 한위.
한국어 공부하려고.	为了学韩语。
	Wèile xué Hányǔ.

한국 韩国 Hánguó
한국어 韩语 Hányǔ

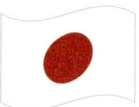
일본 日本 Rìběn
일본어 日语 Rìyǔ

미국 美国 Měiguó
영어 英语 Yīngyǔ

영국 英国 Yīngguó
영어 英语 Yīngyǔ

프랑스 法国 Fǎguó
프랑스어 法语 Fǎyǔ

독일 德国 Déguó
독일어 德语 Déyǔ

이탈리아 意大利 Yìdàlì
이탈리아어 意大利语 Yìdàlìyǔ

스페인 西班牙 Xībānyá
스페인어 西班牙语 Xībānyáyǔ

러시아 俄罗斯 Éluósī
러시아어 俄语 Éyǔ